JN249348

定年を楽園にする仕事とお金の話

45歳からそなえる「幸せ老後」のキホン

高伊 茂

ぱる出版

推薦文

――ヒューマンスキル研究所所長　田中真澄

私は43歳で日本経済新聞社を辞め独立し、以来39年間、独立の人生を歩み続けている只今82歳の現役の社会教育家です。

これまで全国の企業・団体・学校で7000回を超える講演を行い、加えて93冊の著作を世に問いました。いずれも「人生100年時代の到来に備える生き方」として終身現役を目指す人生を推奨してまいりました。現に私自身が目下その様な人生を展開中です。

今から20余年前になりますが、東京・国際フォーラムで講演をした時のことです。私の話に飛びついてこられたのが高伊様でした。高伊様は、以後私の講演会や勉強会に積極的に参加され、加えて社業の傍ら猛勉強なされてＦＰと社会保険労務士の資格を取得なさり、早期退職制度を活用されて思い切って独立に踏切られた方です。

サラリーマンが定年後に独立するケースが最近増えていますものの、必ずしも全員が成功しているとは限りません。むしろ10年間独立を維持できている人は稀な存在です。

その稀なお一人が高伊様です。その秘訣は何かを、高伊様はこの本で包み隠さず述べておられます。それだけに、この本はサラリーマン・定年族の方々の必読書と申せましょう。

私が独立するとき、このような独立支援書は皆無でしたから、手探りの状態で悪戦苦闘したものです。その点、今の方々は高伊様の著書を水先案内人として活用できるのですから、本当にラッキーだと存じます。

これからやってくる人生100年の時代には、定年後は独立独歩の人生を選ぶことが、身体的にも精神的にも経済的にも最も幸せな生き方であると断言できます。

そのためには学校や勤め先では学べない人生後半の生き方を、定年後にも堂々と活躍している諸先輩の生き様に学ぶことです。その模範が高伊様の生き方なのです。

どうぞこの本を熟読玩味され、定年後に始まる長い人生をどう生きるべきかの準備にお役立ていただきますように。高伊様の『定年を楽園にする仕事とお金の話』に出会われたあなた様は運のいい方です。このご縁を大切に活かされますように心から願っております。

定年を
楽園にする人 ↕ 地獄にする人

寿命

もしかしたら 90–100 歳まで生きるかも。

80 歳くらいにはお迎えがくるだろう。

↓

「はじめに」で平均寿命の延びを知る。

老後はとても長くなりました。

仕事

月に数万円の稼ぎでもいいから、仕事は続けよう！

定年後なんか、どうせつまらない仕事しかないだろう。

↓

1章で「高齢者無職世帯」の家計収支をチェック

年金だけでは月 3–6 万円のマイナス。

お金の増やし方

個別株の投資は自分に向いてないだろうな。低リスクなお金の増やし方ってあるのだろうか。

FXや仮想通貨が面白そう。退職金ももらったし、いっちょつぎ込んでみるか！

**5章で
老後のお金の
「常識」を知る。**

うまい話など
存在しません。

お金の管理

いま資産ってどのくらいあるのかな？
家計収支を計算してみよう。

お金ならパートナーが管理しているはずだから大丈夫。

**4章で
家計の「見える化」
ノウハウを取得。**

現実がわかるから
対処法もわかります。

人脈

勉強会に参加しただけじゃ、名刺が増えるだけだろうな。運営とか手伝ってみるか。

勉強会に出たのに、誰も話しかけてこない。ご飯だけ食べて太っちゃった。

**2章、3章で
シニア独立のコツを
知る。**

本当の人脈があれば
「営業」なしでも仕事は来ます。

人生に必要なものは、
勇気と想像力と少しのお金

All it takes is courage,
imagination… and a little dough.

映画『ライムライト』より

はじめに

定年ごときを恐れない人生

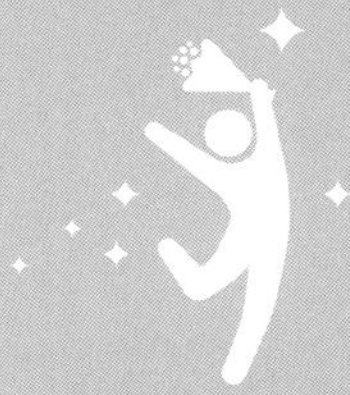

定年後こそ楽しい人生が待っている

「五十六十は、鼻垂れ小僧
七十八十が、働き盛り
九十になって迎えが来たら
百まで待てと追い返せ」

作者不詳のことばがありますが、「人生１００年」と言われだす前から目にし、耳にしています。

本書は、定年後も経済的・精神的に豊かに暮らせるよう、仕事とお金について書いた本です。定年後の仕事の選択肢とマネープランについて、「これでもか！」というくらい優しく解説しました。

定年間近の50代サラリーマンはもちろん、定年が気になり始めた40代や、もう定年を迎えた60代も、本書を読み実践するだけで老後不安の一切が解決します。

「セカンドライフ」相談を得意とするファイナンシャル・プランナー（ＦＰ）の高伊茂と申します。簡単に自己紹介をすると、大学卒業後、中央信託銀行（現、三井住友信託銀行）株式会社に入社。退職金をお預かりする仕事や相続関連の仕事などを担当しながら、旧北海道拓殖銀行・旧三井信託銀行の支店にも勤務、企業内ＦＰとして活躍し、定年を迎える前に独立。現在に至ります。

「80歳でお迎え」は見積もりが甘い

定年まで企業に勤め上げて出世し、定年後は悠々自適――。かつて理想の老後とされたのは、こうしたライフスタイルでした。しかし、それは「人生80年時代」の話。医療技術の進歩もあり、人間の寿命もドンドン延び、今は「人生１００年時代」です。

日本人の平均寿命はここ70年間で、30歳以上延びています。最近20年では１日あたりに換算すると、およそ5時間も寿命が延びていることになります。この計算でいうと、今のあなたが50代なら、その多くが90歳程度でお迎えが来るということです。

「80歳くらいにはお迎えが来るだろう。それまでは、貯金と年金でなんとか持つさ」

こういう考えをしている人は、本当に危険です。現在の平均寿命から逆算してライフプランを立てているからです。今の50代は自分が思っているより、長生きする可能性が高いのです。

「見積もりが甘い！」

ライフプランのプロとして、私は声を大にして言います。

お金のウソ、仕事のウソ

さて、寿命が延びたことによって、日本人は幸せになったのでしょうか。私はそう思いません。逆に、「老後破産」という言葉に象徴されるよう、さかんに「老後不安」があおられるようになりました。

ここで問題を出してみましょう。以下の意見は真実でしょうか？

「定年時に、最低3000万円貯めてないと老後破産する」

「公的年金は破たんする」

「投資をしないと老後は暮らせない」

はっきり言いますが、こういう不安アオリ系の意見は絶対にウノミにしないでください。1割はあたっていますが、9割はウソです。どこまでがウソで、どこまでが本当なのか、その対処法も本書を読めばわかります。

次の問題。

「定年後は無職か、やりがいのない仕事しかできない」

これも大ウソです。ウソというより思い込みですね。私は53歳でサラリーマンをやめ独立し、以来15年超を「年中無休・終身現役」をモットーに、北海道から九州まで国内各地でセミナー講師を勤めるなど、充実した毎日を送っています。

「それはあなたに、FPと社会保険労務士という資格があったからできたんでしょ」

こう言われることもありますが、とんでもありません。

第一に、私は優秀ではありません。社会保険労務士（社労士）試験に3回落第して、4回目でようやく通ったくらいです。

第二に、社労士もＦＰもきちんと勉強すれば、多くの人が取れる資格です。資格を持っているからといって仕事が自動的に舞い込んでくるわけではありません。

「独立、シニア起業は特別な人しかできない」というのは思い込みです。本当に平凡なサラリーマンであった私が言うのですから間違いありません。もちろん、独立だけを勧めるわけではありませんが、40代以上の人は独立も視野に入れて今後を考えるべきです。

「逃げ切る」という発想を止めよう

定年後が不安であるなら、定年をなくしてしまえばいいのです。60歳以降も働き続ければ、貧困、病気、孤独、「老後の3大不安」の多くが解消できます。

「歳をとってまで働きたくないなあ」と思う人もいると思いますが、それはサラリーマン時代のイメージ。50代のうちにマネープランをきっちり計画しておけば、稼ぎに追われることなく、仕事に打ち込めます。お金より自分の信条やルールを優先できる定年後の仕事は本当に楽しいものです。「生きていてよかったな」と心の底から思います。

老後の3大不安

働き続けることで、定年をなくす

「人生100年時代」の今、定年での60歳は折り返し地点にすぎません。定年までに貯めたお金で、「老後破産」の陰におびえながら食いつないでいく…そういう暗ーい老後のイメージはもう捨てましょう。せっかく寿命が延びたのですから、「逃げ切る」という発想は止めて、定年後の長い暮らしを「楽園」のように幸せな時間に変えてみませんか。

2017年に天寿を全うされた日野原重明先生は「『いのち』とはあなたが使える時間のことです」とおっしゃっています。社会教育家の田中真澄先生は、われわれに「どこに勤めているかの所属価値でなく、何ができるかという存在価値が重要」と教えてくれています。

「60歳以降はおまけのような時間」という「余命」の発想は、もうやめましょう。これからの時代、第二の人生は天から与えられた命、「与命」です。定年はあくまでも会社が定めたもの、社会人としての終わりではありません。あなたのとらえ方

「“いのち”とは あなたが使える時間のこと」

日野原重明
（聖路加国際病院名誉院長）

「所属価値ではなく、存在価値」

田中真澄
（社会教育家）

定年はあくまで会社が
定めたもの。
社会人としての
終わりではありません。

と行動次第で、楽園のような新しい人生の始まりになるのです。

冒頭の「人生に必要なものは、勇気と想像力と少しのお金」という言葉は、チャップリンの映画『ライムライト』の有名なセリフですが、こんな前置きがあります。

「人生は恐れなければ、とても素晴らしいものなんだよ」

そうです。人生は素晴らしいもの。定年ごときに、その価値をそこなわせてたまるものですか！

さあ、前置きはこれくらいにして、いつまでも豊かな人生を送り続けるための準備を、いっしょに始めましょう。

高伊茂

定年を楽園にする
仕事とお金の話

もくじ

2章 シニア独立で一番大切なもの

3章 独立にあたって必要なルールや手続き

定年を楽園にする
仕事とお金の話

もくじ

4章

「幸せな老後」のためのお金の増やし方

定年を楽園にする
仕事とお金の話

もくじ

5章

知っておきたい定年前・定年後のお金の知識

1章

定年後には
どんな生き方が
あるの？

「幸せな老後」って何ですか?

「幸せな老後」って何でしょうか?

何が幸せかは一人ひとり違いますが、一般的に「老後の3K」といわれる「お金(経済)、からだ(健康)、こころ(生きがい)」が大切だと言われています。私はこれに「家族(パートナー、仲間)」を加え「4つのK」としています。

「4つのK」はどれも大切なものですが、なかでも「こころ(=生きがい)」は充実した人生に欠かせないものです。生きがいがあってこそ毎日にハリが出て、何事にも前向きに取り組むことができるからです。

「幸せな老後」のための4つのK

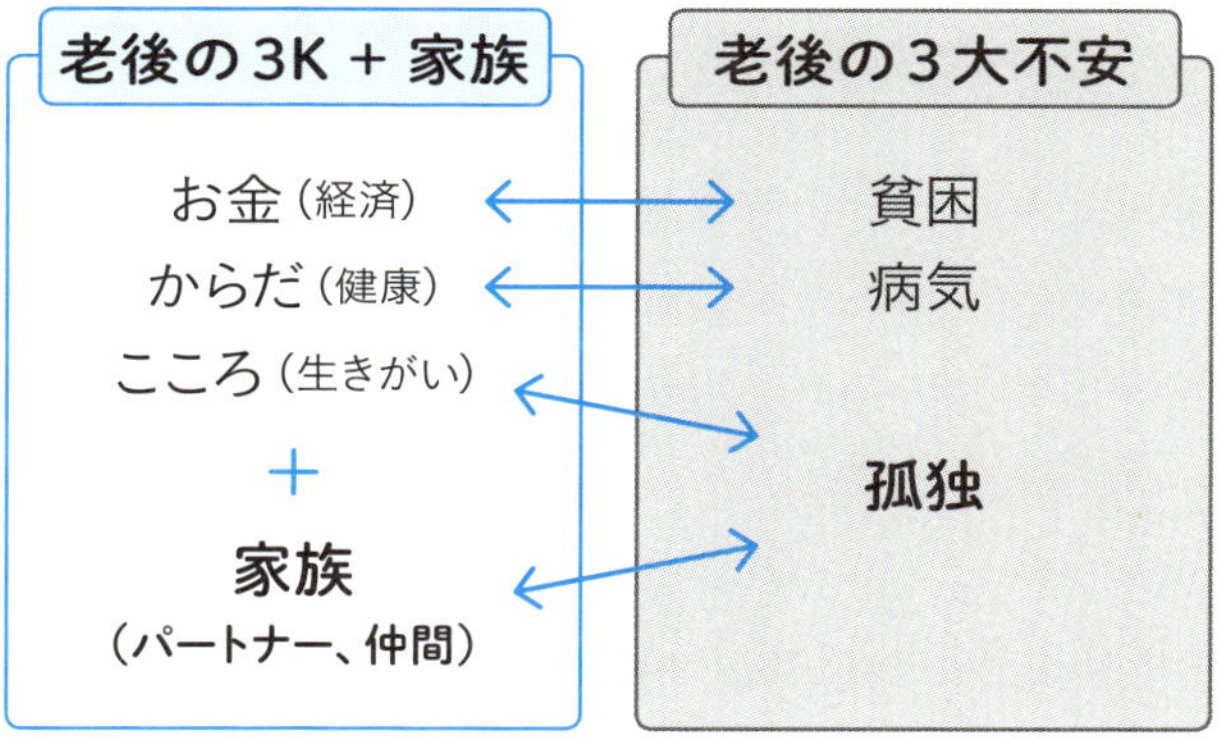

4つの生きがい

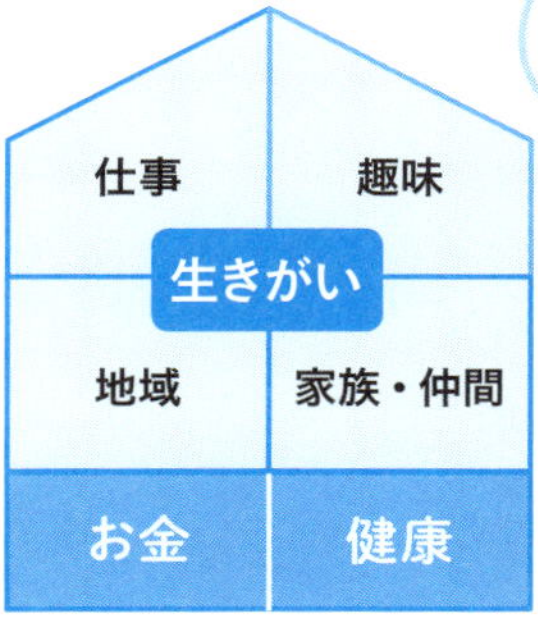

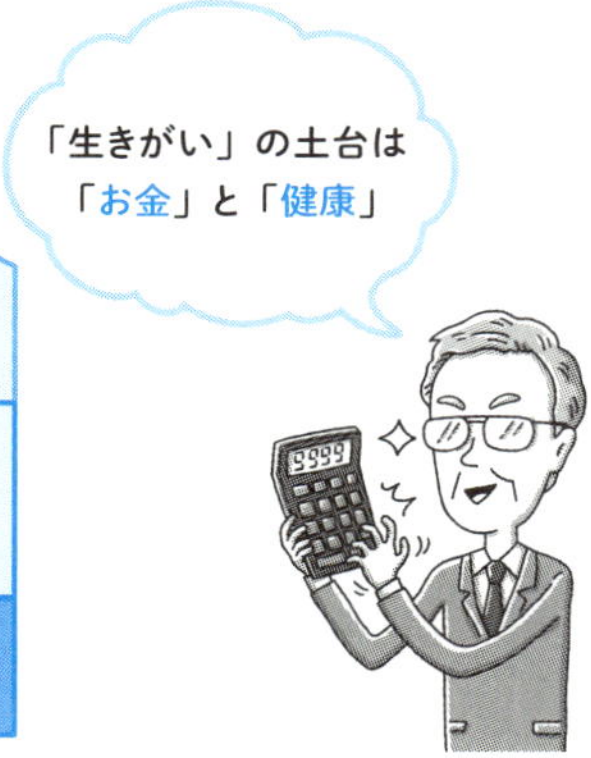

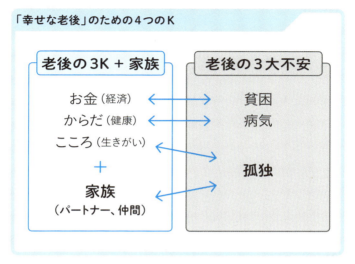

こうした生きがいの土台となるのが「お金」と「健康」です。人生を車でたとえれば、「お金」と「健康」は、生きがいを保つための両輪です。この2つが揃っていなければ、生きがいをフル活動させることができません。

老後は月に3～6万円減っていく

2016（平成28）年に行われた総務省の調査によると、高齢者無職世帯では、夫婦世帯で約5万5000円、単身世帯で約3万3000円の赤字が出ています。それもそのはず、年金収入だけでは最低限の日常生活費さえもまかなうことはできないのです。

何かしらの収入がないと、貯金を切り崩すだけの生活になります。年齢研究の一説によると、2045年までに先進国の寿命は100歳になるそうです。「そういう時代に、今までどおりの老後の暮らし方は危ない」というのが、本書の土台です。

高齢者無職世帯の月当たりの家計収支

	夫婦世帯	単身世帯
世帯主年齢	75.2 歳	76.2 歳
持ち家率	94.7%	83.7%
実収入	212,835 円	122,607 円
可処分所得	182,980 円	110,522 円
消費支出	237,691 円	143,460 円
赤字額	54,711 円	32,938 円
金融資産純減額	45,988 円	22,700 円
借金純減額	2,383 円	591 円

総務省統計局「家計調査報告」平成 28 年より

老後の最低限の生活費と年金収入（1カ月あたり）

老後の生活費	
最低限の日常生活費	220
ゆとりある日常生活費	349

（単位：千円）

生命保険文化センター「平成 28 年度 生活保障に関する調査」（速報版）より

老齢年金の年金支給額	
老齢厚生年金	157
老齢基礎年金	55

（単位：千円）
※上記厚生年金は、基礎年金の額を含む

厚生労働省「平成 27 年度 厚生年金保険・国民年金事業の概要」より

定年後にはどんな選択肢があるの？

では、定年後にはどんな暮らし方があるのでしょうか。次の図を見てください。サラリーマンが定年したあとのスタイルには、「働かない人生」「ボランティア」「働く人生」の３つにわかれます。

それぞれに、私なりの考察を加えていきます。

①「働かない人生」

この選択肢は疑問です。相当の貯金をしていない限り、私はオススメしません。さきほどの老後の３Ｋを思い出してください。「お金」「からだ」「こころ」仕事を辞めたら、これら全部に悪影響が出ます。

サラリーマン定年後のスタイル

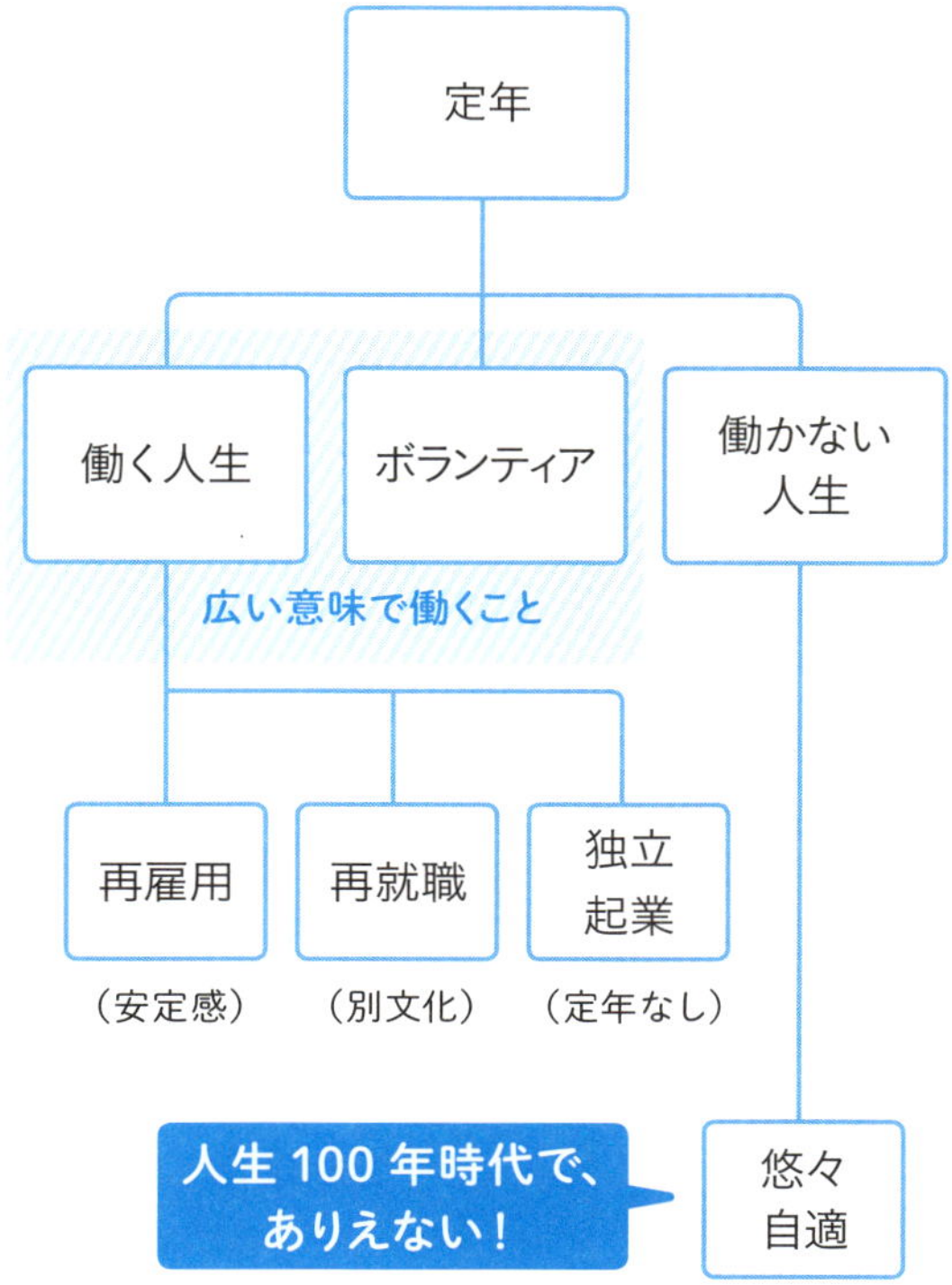

【お金（経済）】

年金があるといっても、収入がなくなるので貯金は減っていく一方の人が多い。『3000万円なければ「老後破産」』などということは言いませんが、いくらお金があったとしても貯金通帳がただ減るのを眺めるだけというのは、なかなかつらいものです。

【からだ（健康）】

あなたの周りにいませんか？「この人、仕事なくなったら昼から飲んでんじゃないか」という人。「定年後アルコール依存症」という言葉があるくらい、定年退職をきっかけにアルコールに依存する人は多くいます。あなたが「酒好き」ではなくとも、生活のリズムは崩れがちになります。私たちが朝、眠い目をこすりながらも決まった時間に起きるのは、仕事があるからです。そして、生活のリズムが崩れると、健康も崩れがちになるものです。

【こころ（生きがい）】

あなたが会社で偉い人であればあるほど、みんながあなたのほうを向いて仕事していたはずです。部下は、あなたの機嫌のよいときを見計らって企画を持ってきたかもしれません。あなたに何かを相談したいときも、考えをまとめてから話しかけてきたものです。ところが、会社を辞めればただの人。何もしなければ、誰もあなたのことなんか気にかけてくれません。仕事に打ち込んできた人こそ、その反動で生きがいを失い孤独感に襲われるでしょう。

②ボランティア

定年後は仕事ではなく、ボランティアに取り組みたいと思っている人もいらっしゃるでしょう。自分のことだけではなく、他人のことを考える。その考えは素晴らしいです。

しかし、ボランティアではもらえたとしても交通費程度しかお金は入ってきません。ボランティアで「お金」の不安は埋められないでしょう。

ボランティアをする人が一番求めているのは、「生きがい」だと思います。でも、ボランティアで「孤独」を埋めるハードルは高いです。一日、二日やったところでボランティアグループは「仲間」とは認めてもらえないでしょう。ボランティアを受ける側が、自分の望むような反応をしてくれないことも多いはずです。

少なくとも「定年後は、ボランティアでもするか」「ボランティアくらいしかやることないな」という「でもしかボランティア」なら止めたほうがいいでしょう。ボランティアは「させていただくもの」です。「やってあげるもの」と考えている人は、ボランティアをしても、グループからはじかれて、もっと大きな孤独にさいなまれると思います。

③「働く人生」

となればこれからの時代、「働く人生」が一般的な選択になりそうです。これは「再雇用」「再就職」「独立・起業」の3つに分かれます。

「働く人生」にはどんな選択肢があるの？

Ⅰ 再雇用

この3つの選択肢のなかでは、「再雇用」を選ぶ人が圧倒的に多いでしょう。

岩崎日出俊氏は『定年後　年金前』（祥伝社新書）のなかで、再雇用を選んだほうが良い人として7つのタイプを挙げています。

①腰が重い人
②批評家・評論家

③権力にしがみつく人
④仕事の話しかしない人
⑤ゴルフとマージャンの話しかしない人
⑥テレビと週刊誌しか見ない人
⑦同期や同僚が気になって仕方ない人

「はーい。私はこの7つに当てはまりまーす」と認める人はいないでしょうね。ネガティブな要素ばかりですから。私は、再雇用を選ぶ人は少なくとも次の3つの行動基準を満たすべきだと思います。

①雑用は自分でやる

今まで部下に頼んでいた、ファックス・コピー、電話業務を筆頭とする雑用は自分でこなす必要があります。「おーい、紙がなくなったぞ」「インクトナーが切れたぞー」じゃありませんって。あなたが自分でやるのです！

②パソコンも自分でやる

だから、「おーい、メールが送れなくなっちゃったぞー」じゃありませんって。パソコンに不具合が起きたら、コールセンターに電話するか、自分でググって調べるものです。エクセルで資料を作るのも、あなたです！

③コミュニケーションは自分から取る

今まで役職についていた場合でも、元部下の下について仕事をすることもあります。みんな、あなたより年下です。それでも、自分が一番の下っ端だと思って、自らコミュニケーションをとり、うまくやっていく必要があります。

もっともつらいものは、減給かもしれません。定年前と同じ仕事内容でも、月給が時間給に変わるなど大幅に下がることがほとんどです。多くの会社が、定年前の半分あるいは3分の1程度になります。金銭面を重視する人は、働くモチベーションも下がるでしょう。

そして、どれだけ頑張ろうが、一般的に再雇用は65歳までで終わりです。いくら働く意欲や能力があっても、多くの会社では、それから先、働き続けることはできません。

再雇用というのは、一夜にして高給取りの元請けから安月給の下請けになるようなものです。しかも、期限つきの。頼まれたことはいやな顔をせず、気持ちよく引き受け何でもやり、5年後には感謝をして去る。こういう人が選ぶべき道だと思います。

Ⅱ 再就職

再雇用よりも再就職のほうが、65歳を超えても働き続けるチャンスがあります。特に中小企業は人材が不足していますので、優秀な人材であれば「年齢は問わない」という風潮があります。そのためにも60代で再就職を実現するには、それ相応のスキルが必要です。社内だけで通用する資格ではダメで、社外でも通じる資格を持っている必要もあるでしょう。

では、実力があればよいかというとそうではありません。実際に60歳以降に再就職を実現した人のほとんどが、縁故（コネ）によって採用を勝ち取っているというデータもあります。つまり、人脈が重要ということです。相応の実力を持ったうえで、自分を引っ張ってくれるような知り合いがいたら、「再就職」も現実的な選択です。

しかし、運よく採用されたとしても、それまでとは文化の違う会社で働くことになるので、精神的な負担も大きいはずです。60代とは言え新入社員なので、雑用もこなさなければなりません。

「今までいた会社では、〇〇だ」という言葉は禁句です。大きい会社から小さい会社に移った人が言いがちですが、このセリフを言った瞬間、周りはあなたに距離を置くようになるでしょう。即戦力クラスの実力の持ち主で、「再雇用」と同様、謙虚な人ならうまくやっていけるかもしれません。

Ⅲ 独立・起業

これらを勘案すると、やはり独立・起業も視野に入れるべきです。独立というと「若い人がすること」という固定観念がある人も多く、定年後あるいは中高年での独立を踏みとどまらせる原因にもなります。しかし、独立して成功するかどうかに年齢はまったく関係ありません。むしろシニアのほうが、以下3点の理由で、独立に向いているとさえ言えます。

①経験・人脈が豊富

シニア世代にはこれまでの経験があります。たとえば10年くらい同じ仕事をしていれば、「自分の土俵」ともいうべき専門分野が自然とできているはずです。その中で人脈や信用も築かれてきているでしょう。商売を切り盛りするのに必要な知識や社会常識も十分に身についているはずですし、人生の指針とすべき師がいる人も少なくないと思います。

②子供が独立している

貯蓄や退職金の受け取りによって資金的な余裕が出てくるのも、この世代です。子供が成人したり、ローンを返済が進むなどして、親としての責任から解放されるタイミングでもあります。

③月3～6万円の稼ぎだけでもよい

P28で、老後の家計の平均収支はマイナス3～6万円くらいと言いました。ということは、月3～6万円を稼げれば、家計はプラスマイナスゼロになります。どうですか？　このくらいの金額であれば、稼げる気がしませんか。独立当初は、その程度の金額でも立派な数字です。

独立・起業のメリットは何？

そうは言っても「独立は怖い」と思う人が多いでしょう。冷静に判断できるよう、会社員と自営業のメリットとデメリットを図のように整理してみました。

うーん、こうして考えてみると会社員っていいですね。安定収入があるうえ、労働基準法に守られ、お金をもらいながらスキルを磨くことができます。仕事に必要な人との出会いも学びも、会社が準備してくれるのです。また、多少の失敗も会社や仲間が助けてくれます。

ただ、重要なことは「定年」の箇所。歳をとってくると自営業の「定年がない」

会社員・自営業のメリット・デメリット

	メリット（会社にもよる）	デメリット
会社員	・安定収入 ・労働基準法に守られている ・お金を貰いながらスキルを磨くことができる ・ミスをしながら、仕事を覚えることができる ・転勤となれば会社の金で移動ができ、新しい文化に接することができる ・単身赴任で老後の練習ができる ・スーツを着るだけでよい ・制服がある	・年功序列賃金制度が崩壊し、かつてのように収入が増えない ・成功報酬制度とはいえ、すべてが給料・ボーナスに反映されるわけではない ・企業30年説があるように、会社は永遠ではない ・継続雇用制度では65歳以降の働き場所がほとんど無くなる ・ゆでガエルで、世間知らずのまま定年になる可能性がある
自営業	・稼いだだけ収入となる ・**定年がない、いつまでも続けられる** ・辞める時期を自分で決められる ・好きなことができる ・本当の自己実現ができ、生きがいを強く感じることができる ・思い切って経費で落とせる ・自分で仕事を選ぶことができるので、余計なストレスが貯まらない。	・最初のうちは収入が不安定 ・いつも100点の仕事をしなければならない ・服装にセンスが必要になる

というメリットが光り輝いてきます。辞める時期を自分で決められる、というのは何にも代えがたい魅力になってくる。だから、私は「シニア独立」を視野に入れるべき、と主張するのです。

田中真澄氏が『凡人の成功哲学　小に徹して勝つ』（ぱるす出版）のなかで、「定年のない仕事に従事すれば、その収入は最高の年金」と書いていますが、そのとおりだと実感しています。

会社員として「独立」を視野にいれつつ働きながら、定年を迎える前にシニア独立、というのは理にかなった人生戦略です。

2章

シニア独立で一番大切なもの

仕事はどうやって選ぶの？

自己分析で3つの領域を重ねる

独立する際の仕事の選び方としては「やりたいこと（WILL／WANT）＝意思」「できること（CAN）＝能力」「やるべきこと（MUST）＝価値観」の3つを満たすものを選ぶと、やりがいを感じられます。この3つが重なる部分が大きいほど、その仕事はあなたにとって充実したものになります。

定年後(退職後)の仕事

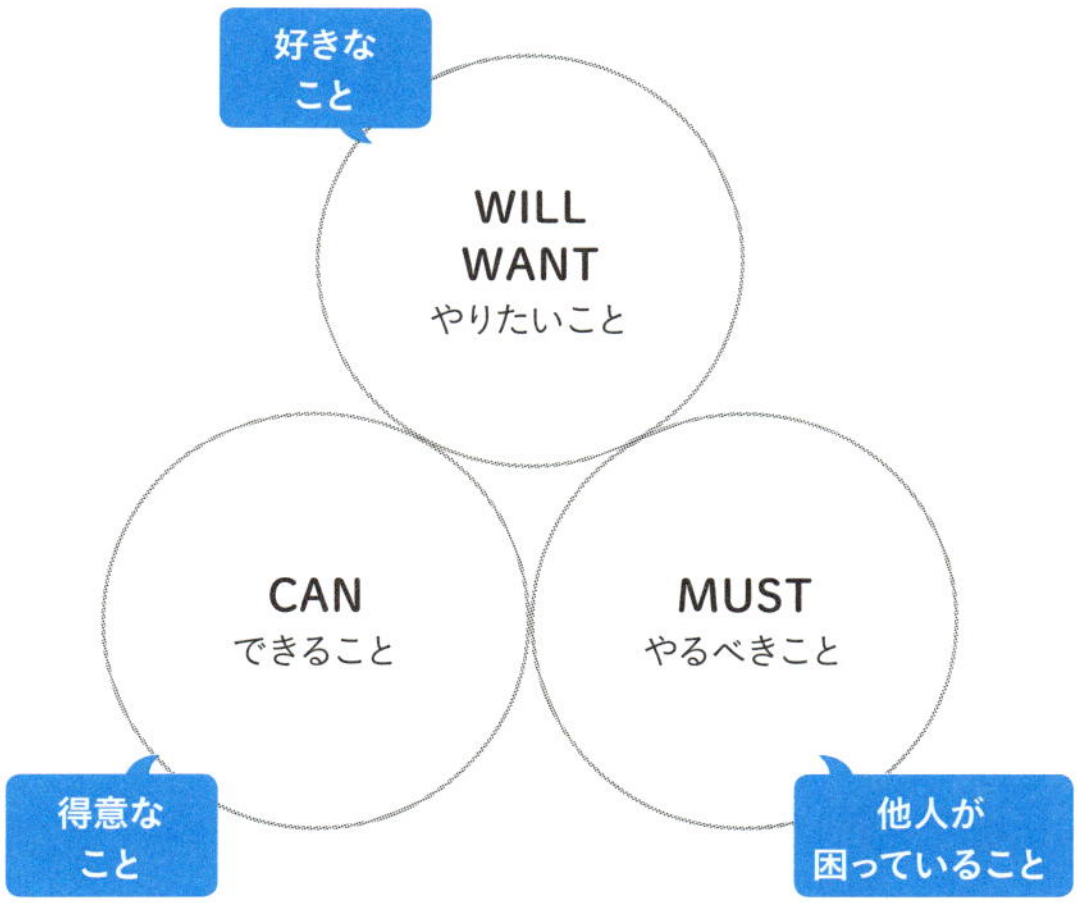

円が重なる部分の面積が大きいほど充実している

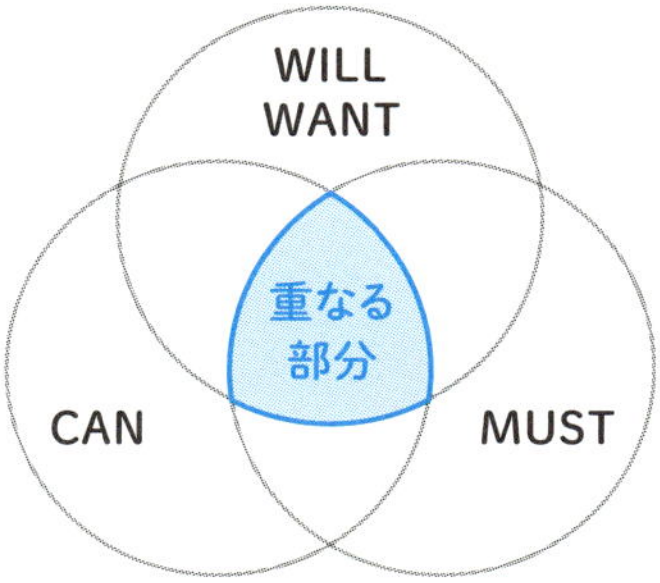

「やりたいこと」

「やりたいこと」とは、自分が好きなことです。小さな頃から続けていることや、現在夢中になっている趣味なども参考になるでしょう。

「できること」

「できること」は、自分が得意なことです。誰かからほめられたことや、感謝されたことを思いだしてみましょう。

「やるべきこと」

「やるべきこと」は、他の人が困っていること、やってほしいと思っていることです。社会情勢や日々起きているニュースを見ていれば、どのようなニーズがあるかがわかってきます。社会や公のためになるかどうか、で考えてみましょう。

3つの要素の中で「できること」を見つけるのがむずかしいという人が、たくさんいます。実際にはたくさんの才能をもっていても、自分では「このくらい誰でもできることだ」と考えて過小評価してしまうのです。

しかし、自動車の運転が困難な人にとって、運転できる人は貴重な存在です。高齢になって、天井にある蛍光灯が切れて取り換えたくても取り換えられない人にとっては、蛍光灯を取り換えてくれる人は有難い存在です。ささいなことでも困っている人がいれば、それは商売のネタになるかもしれません。

「自分史」を書いてみる

この3つを見つけるため、まず「自分史」を書いてみましょう。過去の体験を思い出し、成功したことや失敗したこと、およびそのときにどのように感じたかをまとめます。

成功経験が多いほどいいように思えるかもしれませんが、実は失敗体験にもとても大きな意味があります。どちらも、その経験から何か得たものがあるはずです。それらを一覧にして「見える化」することで、自分の「意思（WILL）」「能力（CAN）」「価値観（MUST）」の「見える化」が行えます。

コツは、書いたものを他人に見てもらって感想をもらうことです。自分史は自分ひとりで書いただけではいけません。自分の中には自分自身も気づいていない一面があるものです。自分では短所だと思っていた特徴を、他の人は長所だととらえていることも多いです。

たとえば、自分では「行動力がない」と思っていたのに、他人は「どっしり構えて動じない人」と思っているかもしれません。「気が短い」という短所も、他の人から見たら「決断が早い」とも言えます。他人の目を通すことで、今まで気づいていなかった才能の発掘、ひいては独立後に選ぶべき仕事の選択につながります。

自分史を書いてみる

氏名　　　　　　　　　　　　　　　　　　作成日　　　年　　月　　日

年代	主な出来事 仕事・学校・プライベート	その時の思い 成功や失敗を経て得たもの	身につけたり発揮した、持ち味や特徴
学生時代			
20代			
30代			
40代			
50代			

独立の相談は誰にするべき？

前出の『定年後　年金前』では、「個人起業する際の仕事選びの５つの条件」を挙げています。

①在社時からの延長線上にある仕事か
②社会性のある仕事か
③自分の性格・能力に合っている仕事か
④妻が理解できる仕事か
⑤周囲の友人が理解できる仕事か

すべて、「やりたいこと」「できること」「やるべきこと」にかかわることです。自己分析をきちんと行ったら、この5つの条件から大きく外れることはないと思います。

ただし、このなかで一つだけ注意点があります。それは、⑤です。独立しようかと思ったとき、誰に相談するかはとても重要ですが、どんな人も自分の経験の中でしか語ることはできません。所属価値の強い同じサラリーマンに相談すれば、「やめておいたほうがいいんじゃないか」と反対されるのがオチです。

独立開業している人に相談する4つのメリット

相談するなら、すでに独立開業している人（できれば同業種）です。独立開業して成功している人に相談するメリットは4つあります。

①独立の気持ちを後押しする

すでに成功している人なら、「やってみればいい」と言うことが多いはずです。自分が独立を経験し、まずは一歩踏み出すことが大切だと実感しているからです。

②失敗談を聞ける

どんなに成功している人でも、大なり小なり失敗はしているものです。そういう失敗体験を聞くことによって、独立するときの「大失敗」を避けることができます。失敗を怖がってはいけませんが、大失敗はいけません。致命傷さえ負わなければ、いずれうまく回っていくものです。

③ノウハウを聞ける

すでに独立している人はノウハウを持っているので、それを教えてもらえることもできます。「聞いても教えてもらえるもんか」と思う人もいるでしょうが、そうでもないですよ。どの業界でも業界自体が発展していくためにも、後輩の成長が必要です。優秀な人ほど、自分のノウハウを惜しみなく教えてくれるでしょう。

④仕事を回してもらえる

成功している人は、忙しいもの。自分ではさばききれなくなった仕事を紹介してもらえることもあります。これは独立したての人にとって、ありがたいもの。そこで信頼を得れば、お客様や仕事の幅がどんどん広がっていきます。

「資格」は取ったほうがいいの？

「独立するなら、何か資格を取らないとな」と考えている人も多いでしょう。しかし結論からいうと、資格を取ること自体に価値はありません。資格だけで飯は食えないのです。「お前はＦＰと社労士、取っとるじゃないか！」と思われるかもしれませんが、私は言っているのは「取ったからって、仕事があるものじゃない」という意味です。

資格に合格したときの飲み会で先輩に言われた言葉が、「資格は、足の裏についた米粒」でした。つまり、取っても食べられない、ということです。資格をとって独立開業したけれどもお客様が見つからず、またサラリーマンに戻った、なんて話はしょちゅうです。「資格＝仕事確保」ではない。このことは、まず頭に叩き込んでおいてください。

しかし、独立開業で資格が武器になるのもまた事実。何の資格を取るべきか、次の3つを基準にしてください。

①仕事の延長上にある

すでに一定の期間仕事をしているということは、その分野にある程度の適正があるということです。

②興味を持てる

興味を持てる分野だということが一番大事です。「勉強」とは「勉《つと》めて強《し》いる」こと。要するに、ムリすること。興味が持てないことはムリが効かず、勉強に身が入りません。

③外部に通用する

ある程度規模の大きな会社では社内の資格というのもありますが、これは社内では認められても、外部から認められるとは限りません。「独立」のための資格取得は、「社内資格」「民間資格」ではなく「公的資格」できれば「国家資格」が近道になることが多いでしょう。

独立では何が一番大切なの？

資格そのものが重要でないとしたら「シニア独立」には何が大切なのでしょうか。

社会教育家の田中真澄氏は講演会及び著書で、「引き・運・力」の3要素をあげていますが、そのなかでも「引き」、つまり「人脈」が一番大切だと伝えています。

また、私もそう実感しています。

社内で出世した人を考えてみてください。ずば抜けた「力」や「運」だけで上に昇っていますか？　そうではなく、上司や部下とうまく関係を作っていく人が出世していませんか。

フリーの世界は超実力主義と思われがちですが、実はそうではありません。業界と会社って、結構似ています。もちろん、「運」も「実力」もいらないとは言いません。一定のレベルに達していることは必須です。

しかし、あとは「人脈」勝負。自分のことを応援してくれる人、自分のことをPRしてくれる人、自分の代わりに宣伝してくれる人の存在が大事なのです。

「人脈」とは「コネ」。あなたがもし「コネは汚い」と考えているようなら、改めたほうがよいでしょう。起業コンサルタントの松尾昭仁氏も、『1万人を見てわかった　起業して食える人・食えない人』（日本実業之出版社）のなかで「コネも実力のうち」と言っています。

どんどんコネを作って、実力をつけていきましょう。

シニア独立に必要な3つの要素

引き（人脈、コネ）

運

力

この歳で「営業」したくないのですが…

本物の人脈を作る4ステップ

独立に踏み出せない人のなかには、「営業をしたくない」と考えている人も多いでしょう。「いい歳してまで、営業をかけてぞんざいに断られたくない」と。

大丈夫。私は営業をかけたことはありませんが、日々忙しく仕事をしています。

自分から「こういう仕事いただけませんか」とやらなくても、「こういう仕事があるんだけど、やってもらえませんか」と向こうから仕事がやってくる状態です。

「人脈」「コネ」とは、仕事の依頼先を相手が考えているとき、自分を思い出してもらえて本物です。本当の人脈を築いていれば、営業なしでも仕事は来ます。

ここからは私が実行してきた「人脈作り」の4つのステップを記していきます。

①勉強会に参加する

単なる異業種交流会より勉強会のほうが良いです。

私が、人脈形成に役立ったと特に思うのは、「スタディ・グループ」です。これは、日本FP協会が承認したFPの勉強会を指します。FPを取得していなくても関心があれば参加できます。おかげで、金融業界はもちろん、税理士など士業をはじめ、不動産業や経営者、福祉に興味のある人、専業主婦まで、さまざまな人と親しくできました。

私はFPでの独立を目指していたので、FPの勉強会に参加しましたが、どんな業種でも勉強会は存在しています。自分が独立を目指す業種や業界の勉強会を調べてみてください。

なお、私が勉強会を選ぶときに、なるべく心掛けていることは2つです。

・年齢層・業種層ともに広いこと
・運営責任者が信用できる人・団体であること

なかには空振りもあるかもしれませんが、それもまた経験。まず、あなたが目指している業種や業界の勉強会を調べてみましょう。

②運営に参加する

「勉強会になんか参加しても、顔も思い出せない人の名刺が増えるだけさ」と思った人、半分当たっていますよ。受け身で参加するとそうなりますから。参加するだけで、会のキーマンが向こうから話しかけてくれる。これは、旅先でステキな異性が向こうから話しかけてくれる、という妄想と同じレベルです。

勉強会に参加するなら、運営に携わり、深くコミットしましょう。これはあなたが、ボランティアや再就職を選んだとしても一緒。自分の利になることしか引き受けない人は、「仲間」とみなされません。勉強そっちのけになっては本末転倒ですが、面倒くさいことにも積極的に関わってこそ、参加することに意味があります。勉強するだけなら一人で本を読むほうが効率的です。

私はスタディ・グループに積極的に参加することにより、日本FP協会埼玉支部の立ち上げ時にはメンバーの一人となり、いつしか研修や広報の委員長をつとめるようになりました。

独立前後、多くの時間を支部活動で使いましたが、それだけ得るものも大きかったです。会社員勤めとの両立は大変でしたが、独立時は、その時のメンバーが、仕事をどんどん紹介してくれました。ギブ&ギブも長く続けていると、いつしかギブ&テイクに変わるものです。

③自分の強みを話す

運営には参加するだけではなく、自分は何ができるか、という強みを伝える必要があります。そのためには「私はこういう人間です」と話せるようにしましょう。

といっても、肩書、会社、業務内容だけでは不十分です。たとえば、FPの勉強会なら、ほぼ全員がFPの資格を持っています。そのなかで強い印象を相手に与えるには、「自分史」を語ることです。これまでどんなことを経験し、どんな成果を残したか、P51の「自分史」を参考に語ってください。パーソナルな部分に基づいた「強み」を話すことで、相手に記憶づけることができます。名刺交換だけでは、実質顔を合わせただけで、はいオシマイです。

④〝2枚目の名刺〟を持つ

自分のことを人に話すときに大切なのが、本業以外にアピールできることを持っておくことです。これから独立を目指す人には「2枚目の名刺を持つ」ことの必要性を知ってほしいです。

パラレルキャリアという生き方を提唱している柳内啓司氏が『人生が変わる2枚目の名刺』（クロスメディア・パブリッシング）の中で、「2枚目の名刺」を持つことを推奨しています。

特に、

・自分の強みを話すのが苦手な人
・「独立」ではなく、副業から始めたい人

は必ず「2枚目の名刺」を持ってください。「2枚目の名刺」を持つメリットは3つあります。

メリット① 本業以外の話ができる

「自分の強み」を話すことは重要ですが、自分語りが苦手な人もいるでしょう。そういうPRベタな人も、「2枚目の名刺」を相手に渡せば、本業以外の話のフックがつくれます。

メリット② 「副業」への第一歩になる

副業なら「いきなり独立するのは怖い」という人も、本業収入があるため精神的に追い詰められることもありません。将来本業で独立するときの準備にもなるので一石二鳥です。

メリット③ 本業にフィードバックができる

仕事は思わぬところでつながっていくもの。「2枚目の名刺」によって知り合った他業界の人とのご縁が、本業で生きることもあります。本業と副業が影響しあって、垣根のない状態になるのが理想です。

独立時の仕事のコツって何？

来た仕事は誠実に行いましょう。そうすれば、依頼した人はリピーターになり、他の人にあなたのことを紹介してくれます。私は次の3つのことをいつも心掛けています。

①年中無休

私は休日に問い合わせがあっても、必ず返事をするようにしています。向こうからしたら、依頼する人は別に私でなくてもよいのです。今の世の中、土日休日に営業しているお客様も多いので、返事を早くすることが大切です。

②勉強を常にする

世の中やお金の法律は日々変わっています。変化に対応できるよう、電車内や帰宅後の時間は読書の時間にあて、勉強を怠らないようにしています。

③「手まめ・口まめ・足まめ」

問い合わせに対して、電話やメールですばやく回答し、足を運ぶ労力を惜しまないようにしています。

フリーの仕事は、仕事が仕事を呼ぶ好循環になったら勝ち。逆にいうと、悪評が立つと悪循環に陥ることもあるのが、独立開業の怖いところです。

といっても、常に気を張っているわけではありません。私は「一生懸命」という言葉より「一所懸命」という言葉が好きです。「一生懸命」では気分転換ができません。オンとオフを切り替え「一所懸命」で行きましょう。

3章

独立にあたって必要なルールや手続き

個人事業から始めるスモール起業

独立起業には、どのような方法があるでしょうか。

大きくわけて、①個人事業、②法人設立という2つの選択肢があります。

もちろんいきなり、法人でスタートする方法もありますが、シニアが一人で独立する場合、まず個人事業で開始するのが一般的でしょう。

法人化は事業が好調で、拡大したくなってからでも遅くありません。

個人事業と法人設立の特徴は次のとおりです。

個人事業と法人設立

個人事業

屋号を決めても決めなくても良いですが、法人にしないスタイルで、初期投資の費用が少なくて済む

法人設立

一般的には株式会社を設立して、自ら代表者になるスタイルで、初期投資にお金がかかるが、個人事業よりも社会的信用力が高い

シニア独立で「借金」だけは絶対しない

シニアが絶対にしてはいけないことは、何でしょうか。

それは、借金です。基本的に、今までの蓄えと退職金でスタートしてください。「借金」は事業が軌道に乗ってくるまでは、おススメできません。借りたものは、利子をつけて返さないといけないという基本的なことを理解しましょう。

個人事業で、いきなり事務所を持つ必要はありません。それだけで、大きな投資になってしまいます。自宅で始めればよいのです。配偶者の理解を得ることができれば、夫婦協同でやるのが一番いいでしょう。

自宅が難しければ、小さい事務所をバーチャルオフィスやレンタルオフィスに構えましょう。秘書サービスも付いているところが増えています。携帯電話（スマートフォン）も普及しているので、当初は秘書サービスもいらないかもしれません。

私の場合、月ぎめで畳1枚程度のレンタルオフィスからスタートしました。職住同一では、緊張感がなくなるのを恐れました。オフィスへ行き来する時に利用する電車内が移動書斎として、仕事をする、本を読む、疲れているときには眠ることもできると考えたからです。

また、頼まれ社長も断りましょう。さしたる苦労もせずに「社長！」と呼ばれると気分のいいものでしょうが、退職金が狙われます。資本を出している人が前に出ないで、他人を社長にさせるとは、裏に何かがあると危険を察知しましょう。

個人事業が軌道に乗ってきたら法人化

お客様によっては、仕事の依頼先が法人であることが条件のところがあります。また、一人で事業を継続していくときに、経常的に人手が必要になれば職員の採用が生じます。個人事業が軌道に乗ってきたら法人化を考えましょう。

法人を設立するには、次のような流れになります。一人で手続きを進めていくことができますが、何も知識のない人がゼロから勉強して手続きを行うには、かなりの時間が必要になります。タイムイズマネーですから、行政書士、司法書士、税理士、社会保険労務士等の士業の助けを得て、あるいは依頼して設立することをおススメします。

法人設立の9つのステップ

①法人の概要を決める

②定款の作成

③定款の認証

④出資金の払い込み

⑤発起人による法人設立時役員の選任

⑥取締役会開催

⑦会社設立登記書類の作成

⑧設立登記の申請

⑨諸官庁へ届け出

法人の概要はこう決める

まず、どのような形態の法人にするかです。株式会社のほか、合同会社、合資会社、合名会社、一般社団法人などです。商号など、法人設立時に決めるべき事項がたくさんありますので、次ページに列記いたします。

諸官庁と士業の依頼先一覧

どの官庁等に、どのような手続きをするのか。どの士業に依頼すればよいのかについてはＰ80の「官公庁への届け出は専門士業に任せたほうがラク」を参考にしてください。

「法人概要」で決めるべきこと

①商号
○○株式会社等

②本店所在地
東京都港区等

③事業目的
主たるものだけでなく、将来進出しそうなものも入れ、最後の項目として「前各号に付帯関連する一切の事業」も入れる

④決算月
事業の繁忙期等を勘案して決める

⑤決算公告の方法
官報や電子公告等

⑥資本金・発行可能株式数・設立時の発行・株式総数・株式の種類
株式の譲渡制限等を決めることができる

⑦設立発起人・株主
出資の方法や出資の額等も必要

⑧取締役・監査役
取締役会を設置しない場合は取締役1人でも可能

⑨法人の印鑑作成
実印・銀行印・角印のセットにすることが多い

官公庁への届け出は専門士業に任せたほうがラク

官公庁等	手続き内容	専門士業
公証役場	定款の認証	司法書士
金融機関	出資金の払込み	なし
法務局	設立登記の申請	司法書士
税務署	法人設立届等	税理士
都道府県・ 市町村税務事務所	同上	税理士
労働基準監督署	労災保険加入手続き	社会保険労務士
公共職業安定所 (ハローワーク)	雇用保険加入手続き	社会保険労務士
年金事務所	厚生年金・ 健康保険加入手続き	社会保険労務士
上記以外の官公庁	許認可の申請	行政書士
金融機関	法人口座開設	なし

シニア独立で守るべき8つのルール

シニアの独立で一番大切なことは、たったひとつです。取り返しのつかない大失敗をしないこと。これだけ。そのためには、ルールを決めておくことが大切。

私が、特に大事だと思うのは、次の8つです。

①事業にかける情熱があるか
②今までやってきた仕事と縁があるか
③自分を支援してくれる友人知人、ブレーンとなる人がいるか

④家族がいる場合、家族を守れるか
⑤仕事を楽しめるか
⑥社会的使命があるか
⑦自分への投資を続けられるか
⑧無謀な投資をしない

事業にかける情熱があるか

独立した後、「こんなはずではなかった！　大変だ！」ということもあるかもしれません。そのようなとき、「何のために独立したのか」「成功するまで諦めない」が根本にあると、困難な事態を乗り越えられるものです。

今までやってきた仕事と縁があるか

まったく新しいことを身に付けるには時間がかかります。「一芸八年、商売十年」と言われるように、知識を得、お金を得られるようになるまでには時間がかかります。ですから、今までの経験を生かせるもの、関連するものが良いのです。

誰でも、今までやってきたことで自信のあるもの、他人よりも「できるぞ！」というものがあるはずです。

支援してくれる友人知人、ブレーンとなる人がいるか

私は独立したときから今日まで、営業らしい営業をしておりません。

友人知人からの紹介、仕事をさせていただいた先からのリピートとさらなる紹介です。独立を成功させるには、自分のことを支援してくれる友人知人仲間が一人でも多くいることが重要です。現役のうちから社外の人との交流をひろげ、幅広い人脈を作っておきましょう。

また、何かあったときに相談できるブレーンになってくれる人も必要です。P80の士業の人がそれぞれ複数できるといいです。それぞれ専門分野をお持ちですので、

何が専門なのかも知っていると良いでしょう。

家族がいる場合、家族を守れるか

仕事をするとき、家族の笑顔を思い浮かべながら行うものほど、力がはいり元気になるものです。おひとり様の場合は、お父さんお母さんの笑顔を思い浮かべて仕事をなさってください。

仕事を楽しめるか

私の場合、どうすればお客様に満足していただけるか、それを思いながら仕事をしていると、あっという間に時間が過ぎてしまいます。ワクワクしながら仕事をやりましょう。責任を持ちながら、楽しめる仕事が最高です。

社会的使命があるか

サラリーマン時代は、社会貢献とは言いがたい仕事もやらなければならないこともあったでしょう。しかし個人事業であれば、仕事の選択はあなたが決めていいのです。「真に人様のお役に立つ仕事なのか」をいつも反芻しながら仕事をしましょう。社会的使命を感じられない仕事は楽しめないし、消えていきます。

自分への投資を続けられるか

退職する前の1～2年間は、セミナーや勉強会に毎月10回以上参加していました。いまでも仕事の合間を縫って月に5回程度は参加しています。サラリーマンなら何も学ばずに流れ作業で仕事をこなしていても、給料をもらえます。

しかし、個人事業主は常に勉強を続けて、お客様を満足させないといけません。報酬は、お客様からいただくものです。「自分への投資」を欠かさず行いましょう。

無謀な投資をしない

いきなり、銀座の真ん中に大きな事務所を借りて営業を始めるというようなことはせず、自宅またはレンタルオフィスなどで始めましょう。

Column

シニア独立の実例

次に、私の周りでシニア独立や長い間独立をされ、歳を重ねても生き生きと仕事を続けている人々をご紹介いたします。

事例1
↓「シニア起業家の星　92歳まで現役社会保険士だった西倉勝さん」

最初にご紹介するのは、92歳まで現役の社会保険労務士としてご活躍された西倉勝さんです。90歳を過ぎてもなおパワフルな姿は、まさにシニア起業家の星と言える存在です。

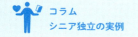

大正14年新潟生まれの西倉さんですが、昭和20年に出征した大東亜戦争でシベリアに抑留されたのち、帰国して生命保険会社に勤務。57歳で社労士試験に合格、定年後から年金研修の講師として長い間、年金相談専門家を育ててこられ全国にたくさんのお弟子さんがいます。また、金融機関等での年金相談会で大勢の人のもらい忘れの年金を見つけて、感謝されてこられました。西倉さんのモットーは「世のため人のため、もらい忘れの年金を見つけて差し上げる」です。

西倉さんのすごいのは、年金への造詣だけではありません。77歳でFP資格を取得、80歳でパソコン操作を習得されています。私がメールをお送りしたり電話をおかけすると、いつもすぐにレスポンスをくださいます。

服部年金企画より著書『涙をながし感謝された相談事例集』も出版され、現在は総務省委託の平和祈念展示資料館で過酷なシベリア抑留の体験を語り継ぐ語り部としてもご活躍中です。

事例2
↓「退職後、地域で活躍するグラウンドワーク笠間理事長の塙茂さん」

笠間のグランパこと塙茂さんは、内向的でおとなしい少年でしたが、日立工機に入社後、資材調達のバイヤーをやりサラリーマン戦闘モードに変化。海外調達のときは「Discount Please」だけでアジアを東奔西走。57歳で早期退職し2年間ゴルフ三昧と「毎日が日曜日」の状態でしたが、仕事への意欲がわいてきて、地元企業に入社。その後にグループ会社の社長になるもリーマンショックの影響で業績悪化し責任をとって退任する。

50歳を過ぎたころから芽生えていた「地域に貢献するビジネス」への想いを、2012年に69歳で「NPO法人グラウンドワーク笠間」を設立して実現しました。

NPO設立1年目は仲間づくりと資金集めに苦労したが、補助金や個人資金貸与を出して、今では「コミュニティカフェの運営」、「農業の6次産業化の取り組み」、「社会貢献活動の推進」と3つの事業展開を行い軌道に乗せています。

事例3

↓「アナログ技術伝承の会社を興した渡部利範さん」

父親が常磐炭鉱に勤めていたため、学生時代から会社に頼らない生活を確立しないとダメだと思った渡部利範さんは、58歳のときにキヤノンを退職して、日本企業を支えてきた技術者の経験、知恵、技術等を次の世代に伝え企業の永続的な発展に貢献することを目的に、2007年に渡部技術士事務所を創業し、2008年に株式会社テクノクオリティーを設立。電気製品の開発。人材育成を行っています。

渡部さんは、中堅複写機メーカで複写機の電気回路設計に従事しながら、40歳までに独立することを夢見て弁理士試験を受験したが8回で断念し、キヤノンに転職。品質本部にて事務機、医療機器、半導体製造機器等の電波規制、製品安全性、信頼性の専門家として活躍しました。

勤務のかたわら、50代前半に技術士試験と労働安全コンサルタント試験に合格し、55歳で学位（工学）を取得しています。

試験合格・学位取得は家族の協力、会社の仲間、親切な人とのご縁と引きがあってこそ達成できた。また、「事業すなわち商売はその人で決まる」と言っています。

事例4 「研修講師として活躍中の奥村彰太郎さん」

リクルートに勤めていた奥村彰太郎さんの転機は、42歳の時にマネー情報誌創刊の責任者になりFP資格者と接点ができ、自らも資格を取ったことによります。その後、キャリアカウンセラーの資格も取り、２つの資格を取得するプロセスで自身のライフプランを真剣に考え、50歳の節目で独立を決意したのです。

退職金で住宅ローンの返済と子供の学費がめどがつき、夫婦二人ぐらいの生活費は稼げるだろうと、研修講師および「キャリアとお金」のアドバイザーとして独立されています。

奥村さんは、興味がある資格は積極的に取得しよう、通学講座があれば仲間づくりもでき仕事にも役立つし、合格したときの達成感は格別。ただし、資格取得と独立は直結しないので、自分の得意分野、お客様にどんな価値を提供できるかなど自分自身を見つめること。そして良きロールモデルを見つけると良い。そして、独立するときに家族との相談も大事だが、最後は自分自身の決断。「心の声」の耳を傾けましょう、と言っています。

事例5

↓「社会福祉士として活躍中の北村弘之さん」

北村弘之さんが3社目に勤務していたときです。社内で「55歳選択定年制度」のセミナーがあり、「一度しかない人生、自分のやってみたいことを実現したい」と定年後の青写真がはっきりしたのです。介護や病気に関心が高く、人へのお世話好き、探究心の強い自分は、高齢者を対象とする仕事をしたいと思ったのです。

「こども叱るな、いつか来た道。年寄り笑うな、いつか行く道」と社会福祉士をめざそうと決意。33年間の会社員生活にピリオドをうち、55歳で社会福祉士養成専門学校に入学。民間企業出身者はごくわずかで、若い人に混じって、1年間通学しました。久しぶりの勉強は大変な刺激だったとのことです。

「一人は万人のために、万人は一人のために」「相互扶助」をモットーに活動している北村さんは、お客様の相談に乗り、支援するときに心がけていることは、自分のできる限界を知り、できない部分は他の専門職につなげることだと言って、現在は7人の成年後見人を引き受けています。

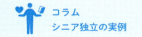

事例6

↓「資格取得が後押し　話力総合研究所理事長の秋田義一さん」

防災コンサルタント、ビジネスコミュニケーションの研修講師、大学教育を三本柱としてご活躍中の秋田義一さんは、現在58歳。54歳で独立し、話力総合研究所の理事長や国士舘大学理工学部の非常勤講師も務めています。

秋田さんの資格取得は、大学卒業後に入社した日本電気ソフトウェア（現在のNECソリューションイノベータ）でIT技術者として当時最高峰の情報処理試験特種を取得。その後、東京ガスに転職し、技術士（情報工学部門）にも合格しています。

東京ガスに移る際に、いつ何時どのようなことになっても生活できるように複線型キャリアを積むことを決意し、中小企業診断士又は技術士を取ろうと思い、技術士を選択しました。企業がセカンドライフ支援に乗り出し、「複線型」云々を言い出すはるか前のことです。

講師業に携わるきっかけは、日本電気ソフトウェア時代の新任主任研修で話力学習の重要性に気づき研さんを積んだからとのこと。技術士会に入会したことで人脈が拡大し国士舘大学で非常勤講師。東京23区での防災情報システム構築の相談や防災講演会での講師などもされています。

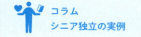

事例7
↓「早くから独立開業を目指した大阪の税理士・森島憲治さん」

大学に行くときから税理士をめざしていた森島憲治さんは、卒業翌年に税理士資格を取得し、会計・税務一筋に実務に従事して、75歳の現在も現役の税理士としてご活躍中で、若い人との交わりを精力的にこなしています。

森島さんは、公的資格と実務の関係について、アドバイスしてくれます。有資格イコール専門能力の高さを保証するものではないが、能力は資格を取ってから実務を通じて身についてくるもの。具体的な展開は、P97の「資格無・能力低からのレベルアップが独立には大切」の図のように、③の資格無・能力低から②の資格有・能力低に進み、最後に①の資格有・能力高に進むことが肝心で、資格を取るのが優先。できるだけ若いうちに取るようアドバイスしてくれます。

シニアの税理士資格取得の方法は、実務経験よりも3年計画で合格を優先すること。1年目は簿記論・財務諸表論・所得税法、2年目は相続税法・消費税法と1年目の不合格科目、3年目に事業税と1・2年目の不合格科目。簿記論と財務諸表論は絶対先に合格しないといけないと、熱く語っています。

資格無・能力低からのレベルアップが独立には大切

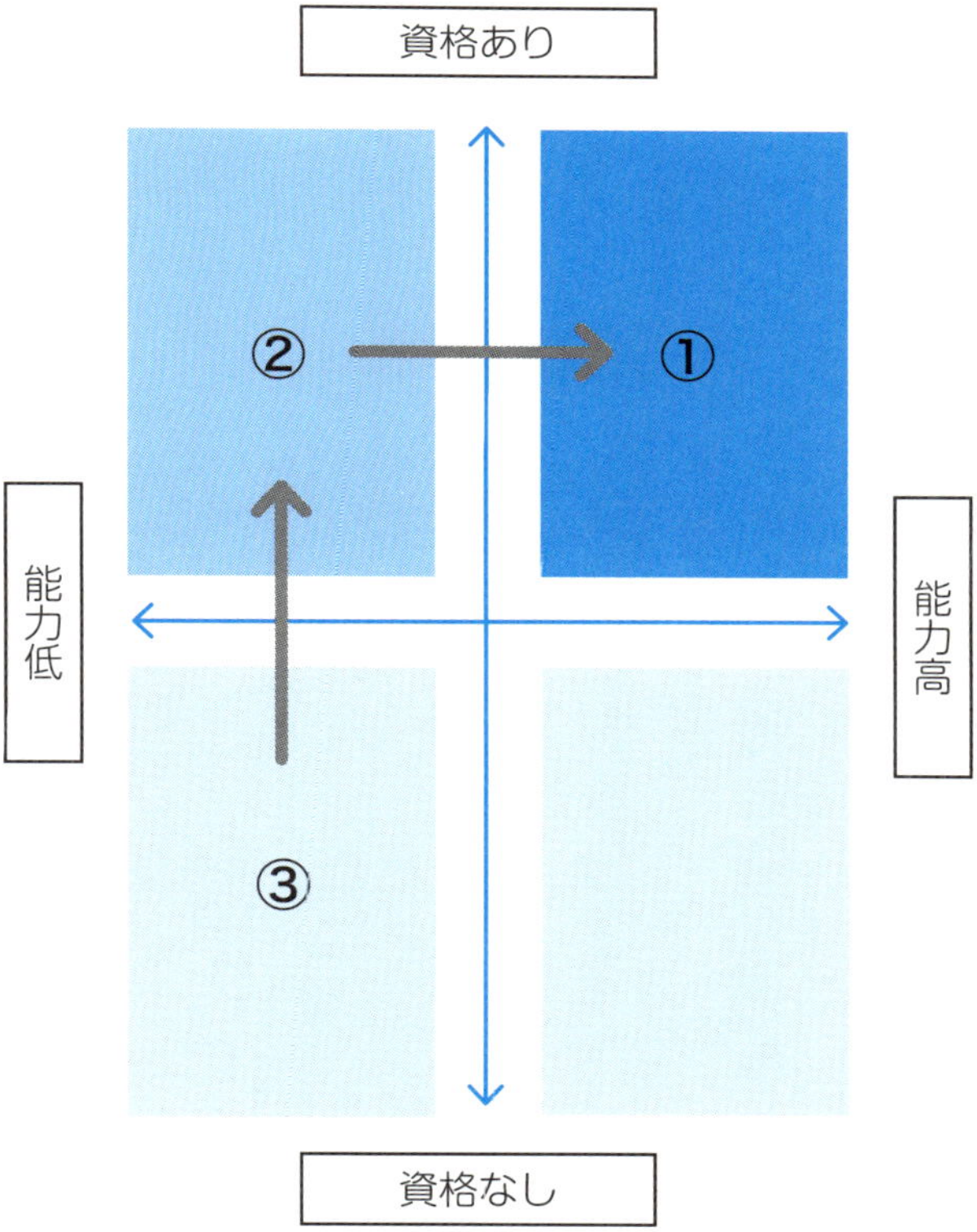

事例8

↓「高齢者向け出張サービスを展開する美容師の絵舟《かいしゅう》さん」

20代で取得した美容師の資格を生かして「生涯現役」を実現されているのは、美容室とエステティックサロンを経営する絵舟さんです。

山形で生まれた絵舟さんは、東京の専門学校に通い美容師の資格を取得。結婚後、約30年前に全予約制のエステティックサロンと美容室を開業。集客に工夫を重ねたこともあり、あっという間に繁盛店に成長したそうです。

今力を入れているのは、老人施設や地元の人たちへの出張サービスです。超高齢社会の現在、足腰が不自由でお店まで出向けないという人も多くなってきています。このようなお客様のニーズに応え、お一人おひとりの心身の状態を察しながらサービスをしています。

こうした展開ができたのも、普通の美容師ではなく経営者という側面を持っていたからだと、絵舟さんは言っています。美容師になるには薬品をつかうので、薬品の知識が重要。美容師の専門学校を出て経営者として独立する人も多いとのこと。これからもますます元気に、お客様に喜んでもらえるサービスを提供したいと、笑顔が印象的でした。

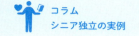

事例9

↓「早くから成年後見制度の周知活動した司法書士の櫻井清さん」

司法書士としてご活躍中の櫻井清さんの仕事に対するスタンスは、依頼を決して断らないことです。

大学では法学部に入学。社会に出るときは企業に勤めるのではなく、法律に関わる専門職として独立、自営したいと考えました。自営業ならば他人から指示されて動くこともないし、働いた分だけ収入が得られるのではないかと考えたからです。都内の法律事務所に勤務後、34歳で司法書士試験に合格し開業しています。

櫻井さんは、どんな依頼でも、私のところに来たということは何かの縁と考え、自分の知力、体力を総動員して、その依頼を処理しています。司法書士の業務の範囲外のことであれば、他の専門職を紹介し依頼者と一緒に行動して、解決まで見極めます。このようにすることで、その依頼者の信頼を得ることができるのだと。

独立した自営業者に必要なことは「孤独」に向き合い、「孤独」と戦い、「孤独」を味方にすること。これができなければ独立した自営業者にはなれない。独立した自営業者は、絶えず孤独です。全てを自分一人で判断し、全ての責任を一人で負わなければなりません。でもそれが独立した自営業者の醍醐味だと我々に教えてくれます。

事例10

↓『ヤンキーの虎』で「帯広の虎」と形容されたマルチ人間の小林信之さん

藤野英人氏の『ヤンキーの虎　新・ジモト経済の支配者たち』（東洋経済新報社）で「帯広の虎」と紹介されている小林信之さんは、親の代からの会社を守るために脱サラして建設業に飛び込み、幅広い活動をしています。一級建築士やFPなど約60の資格を取得し、不動産や介護、成年後見等を行う「暮らしの総合コンサルタント」です。

趣味や活動の分野も幅広く、ハードロック&ヘヴィメタル、ギター演奏、昆虫の採集・研究、離島・廃墟探訪旅行、お笑いやバラエティ・プロレス&格闘技の興行協力など…。

公的加盟団体が法人個人合わせて約40団体となっていることで、小林さんが世話好きで精力的な活動をしていることが良くわかります。

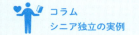

小林さんは出会ったすべての人たちを「仲間」だと考え、ビジネスに直結させようとは考えなかったそうです。その真摯な姿勢がかえって信頼関係を深め、現在の成功につながっているのです。

20代で二度にわたって難病を患い死を意識したときの経験があり、「周りの人のおかげで自分は生かされている」という思いから、特に相続と成年後見人の仕事への思い入れが大きいそうです。

4章

「幸せな老後」のためのお金の増やし方

お金の不安は「見える化」で解消

よく「不自由のない老後を送るには3000万円必要だ」などと言われますが、一概には言えないというのが本当のところです。生活費も年金受給額も人によって違います。家族構成や年齢はどうなっているか、持ち家か賃貸なのか、お金が出ていく今後のイベントに何があるか、リフォームがいるのかどうか等々、必要な金額にも差が出てくるのは当然です。

老後の金の不安は「見える化」で解決できます。お金の「見える化」は、「入ってくるお金を試算する」「出て行くお金を試算する」「シミュレーションする」の3ステップで行います。

お金の「見える化」3ステップ

STEP①

「入ってくるお金を試算」

↓

STEP②

「出て行くお金を試算」

↓

STEP③

「シミュレーション」

STEP1 入ってくるお金を試算する

年金にはどんな種類があるの？

「見える化」の第一歩は、定年後の生活で入ってくるお金と出ていくお金をしっかり把握することです。まずは定期的に入ってくるお金、つまり公的年金について見ていきましょう。

年金相談で聞かれる3つのポイントがあります。1つ目は、私は年金をもらえるのでしょうか？　2つ目は、いつからもらえるのでしょうか？　そして3つ目は、どのくらいもらえるのでしょうか？　です。この問いに答えるには、自分はどの種類の年金をもらえるのか、を把握しないといけません。

年金には3つの種類があります。まずは原則65歳になると支給される「老齢年金」。次に、病気やケガによって一定の障害状態になったときに支給される「障害年金」。そして、生計を維持していたパートナーが亡くなったときに支給される「遺族年金」です。

3つの年金はそれぞれ基礎年金と厚生年金に分かれており、たとえば老齢年金の場合、国民年金からは全国民共通なので老齢基礎年金が支給されます。厚生年金からは老齢厚生年金が支給されます。

どのくらいの期間加入で、年金がもらえるの？

老齢厚生年金

10年以上、厚生年金に加入していればもらえます。

老齢基礎年金

国民年金だけの人は、20歳から60歳になるまでの40年間のうち、10年（120カ月）以上保険料を納めていると、65歳から老齢基礎年金がもらえます。この10年には、実際に保険料を納めた期間のほか、保険料納付を免除された期間、国民年金の第3号被保険者だった期間なども含まれます。

遺族厚生年金

老齢厚生年金をもらっていた人が亡くなったときは、原則として、亡くなった人が25年以上厚生年金に加入していたときです。

日本の年金制度

厚生年金保険

国民年金
（基礎年金）

第1号被保険者（自営業など）	第3号被保険者【専業主婦（夫）】	第2号被保険者（サラリーマン・公務員・OLなど）

公的年金の給付の種類とポイント

	老齢給付	障害給付	遺族給付
厚生年金	**老齢厚生年金** 65歳未満の年金と65歳以降の年金がある	**障害厚生年金** 1・2級の他に、3級もある	**遺族厚生年金** 亡くなった人の老齢厚生年金の4分の3を支給
国民年金	**老齢基礎年金** 65歳から支給	**障害基礎年金** 1・2級の他に、20歳前の障害にも支給	**遺族基礎年金** 子のいる配偶者・子に支給

年金はいつからもらえるの？

「年金は65歳からもらえる」と言われています。たしかに１９６１（昭和36）年４月２日以降生まれの男性（２０１８年時点で57歳以下）、１９６６（昭和41）年４月２日以降生まれの女性（２０１８年時点で52歳以下）については、それで間違いありません。

ただしそれよりも前に生まれた人は、老齢厚生年金の支給開始年齢が性別や生年月日によって違います。また、共済年金に加入していた経験のある女性は、共済に入っていた期間は男性と同じ支給開始年齢になります。つまり、共済年金部分は男性と同じ、民間の会社に勤務していた期間は民間女性のところをご覧願います。

老齢厚生年金の支給開始年齢

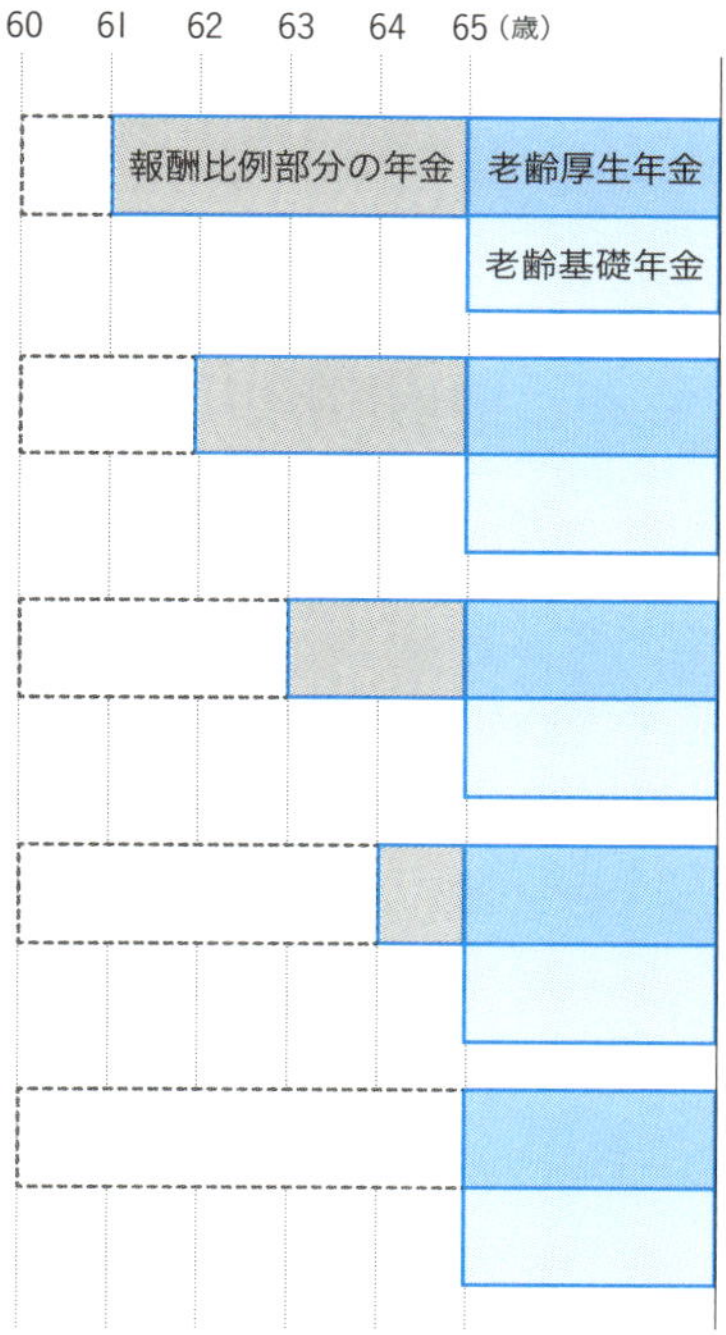

男性・共済組合員の生年月日	民間女性の生年月日
1953年4月2日〜1955年4月1日	1958年4月2日〜1960年4月1日
1955年4月2日〜1957年4月1日	1960年4月2日〜1962年4月1日
1957年4月2日〜1959年4月1日	1962年4月2日〜1964年4月1日
1959年4月2日〜1961年4月1日	1964年4月2日〜1966年4月1日
1961年4月2日以降	1966年4月2日以降

前ページの表を参考に、自分がどこに当てはまるか調べてみましょう。

65歳前に受け取れる年金を「報酬比例部分の年金」あるいは「特別支給の老齢厚生年金」と呼んでいます。１９６１（昭和36）年４月１日以前生まれの男性（共済年金に加入していた）、１９６６（昭和41）年４月１日以前生まれの民間女性は、この報酬比例部分の年金が65歳前に支給されることになっています。

昭和29年改正で、男性は60歳、女性は55歳から老齢厚生年金が支給されていたのですが、平均寿命の延びや少子高齢化の進展とともに法律改正を何度も行い、現在の姿になっています。

ところで、「年金は請求しないともらえない」ということを、意外と多くの人が認識していません。支給開始になる３カ月前に、日本年金機構から「年金請求書」（緑の封筒）が送られてきますので、この用紙を使って請求します。

届いたら内容を確認するとともに、請求するときに必要な添付書類を確認しに、近くの年金事務所または街角の年金相談センターに行きましょう。

（日本年金機構ＵＲＬ：http://www.nenkin.go.jp/）

年金はどのくらいもらえるの？

国民年金から支給される老齢基礎年金の額は、20歳から60歳になるまでの40年間での保険料を納めた状況により決まります。２０１７年（平成29）年度の老齢基礎年金の満額は77万９３００円ですので、20年間分だけ保険料を納めた場合は半分ということになります。２０１７（平成29）年８月から10年あれば老後の年金をもらえることになりましたが、４分の１の年金額で暮らしていくのはとても難しいです。

さて、厚生年金からの老齢厚生年金は、加入期間及び給料やボーナスの額によって年金額が決定しますが、とても複雑です。そのため、毎年誕生月に届く「ねんきん定期便」を見ることをオススメします。「ねんきん定期便」を見ることにより、年金額のおおよその目安がわかります。もちろん、老齢基礎年金の額もわかります。

50歳未満の人はそれまでの加入実績による現時点の年金見込額、50歳以上の人は作成時の年金制度に現時点の給料やボーナスを受け取りながら60歳になるまで加入した場合の年金予想額が掲載されています。ぜひ確認してみてください。「ねんきん定期便」の見本を用意しましたので、ご覧願います。

これを見ると、どの年金を何歳からいくらくらいもらえるかがわかります。この額を毎月もらえるのなら良いのですが、12分ですので、注意しましょう。

ねんきん定期便は、通常、折り畳み式の圧着ハガキで送られてきますが、特定年齢の人には、それまでの年金加入記録のすべてが掲載されたものが送られてきます。特定年齢は、35歳、45歳、59歳です。いずれも、届いたら記録が正しいかどうか中身の確認をしましょう。

ねんきん定期便の見方 ①

50歳未満の人は、加入実績に応じた年金見込額

照会番号	公務員共済の加入者番号	私学共済の加入者番号

※お問い合わせの際は、照会番号をお知らせください。

1．これまでの年金加入期間（老齢年金の受け取りには、原則として３００月以上の受給資格期間が必要です。なお、平成２９年８月以降については、原則として１２０月以上の受給資格期間が必要です。）

国民年金（a）			船員保険（c）	年金加入期間 合計（未納月数を除く）(a+b+c)	合算対象期間等（うち特定期間）(d)	受給資格期間 (a+b+c+d)
第１号被保険者（未納月数を除く）	第３号被保険者	国民年金 計（未納月数を除く）				
月	月	月	月			
厚生年金保険（b）						
一般厚生年金	公務員厚生年金（国家公務員・地方公務員）	私学共済厚生年金（私立学校の教職員）	厚生年金保険 計			
月	月	月	月	月	月（　月）	月

2．これまでの加入実績に応じた年金額と【参考】これまでの保険料納付額（累計額）

	加入実績に応じた年金額（年額）	保険料納付額（累計額）
（1）国民年金	老齢基礎年金 円	国民年金保険料（第１号被保険者） 円
（2）厚生年金保険	老齢厚生年金	厚生年金保険料（被保険者負担額）
一般厚生年金被保険者期間	円	円
公務員厚生年金被保険者期間（国家公務員・地方公務員）	円	円
私学共済厚生年金被保険者期間（私立学校の教職員）	円	円
（1）と（2）の合計	円	円

ねんきん定期便の見方 ②

50歳以上の人は、65歳からの年金予想額

照会番号	公務員共済の加入者番号	私学共済の加入者番号
ⓐ		ⓑ

※お問い合わせの際は、照会番号をお知らせください。

1．これまでの年金加入期間（老齢年金の受け取りには、原則として３００月以上の受給資格期間が必要です。なお、平成２９年８月以降については、原則として１２０月以上の受給資格期間が必要です。）

国民年金（a）			船員保険（c）	年金加入期間 合計（未納月数を除く）(a+b+c)	合算対象期間等（うち特定期間）(d)	受給資格期間 (a+b+c+d)
第１号被保険者（未納月数を除く）	第３号被保険者	国民年金 計（未納月数を除く）				
ⓒ 月	ⓓ 月	月	月			
厚生年金保険（b）						
一般厚生年金	公務員厚生年金（国家公務員・地方公務員）	私学共済厚生年金（私立学校の教職員）	厚生年金保険 計			
月	月	月	月	月	ⓔ 月（　月）	月

2．老齢年金の種類と見込額（１年間の受取見込額）

受給開始年齢	歳〜	歳〜	歳〜	歳〜
（1）国民年金				ⓕ 老齢基礎年金 円
（2）厚生年金保険	ⓖ 特別支給の老齢厚生年金	特別支給の老齢厚生年金	特別支給の老齢厚生年金	老齢厚生年金
一般厚生年金期間		（報酬比例部分） 円	（報酬比例部分） 円	（報酬比例部分） 円
		（定額部分） 円	（定額部分） 円	（経過的加算部分） 円
公務員厚生年金期間（国家公務員・地方公務員）	（報酬比例部分） 円	（報酬比例部分） 円	（報酬比例部分） 円	（報酬比例部分） 円
	（定額部分） 円	（定額部分） 円	（定額部分） 円	（経過的加算部分） 円
	（経過的職域加算額（共済年金）） 円	（経過的職域加算額（共済年金）） 円	（経過的職域加算額（共済年金）） 円	（経過的職域加算額（共済年金）） 円
私学共済厚生年金期間（私立学校の教職員）	（報酬比例部分） 円	（報酬比例部分） 円	（報酬比例部分） 円	（報酬比例部分） 円
	（定額部分） 円	（定額部分） 円	（定額部分） 円	（経過的加算部分） 円
	（経過的職域加算額（共済年金）） 円	（経過的職域加算額（共済年金）） 円	（経過的職域加算額（共済年金）） 円	（経過的職域加算額（共済年金）） 円
（1）と（2）の合計	円	円	円	円

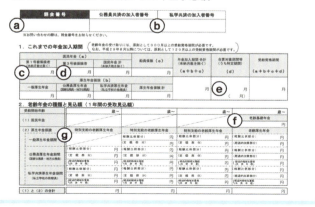

ねんきん定期便の見方② a〜gの解説

a：**照会番号**　「ねんきん定期便」に関する問い合わせを日本年金機構にするときの番号

b：**共済の加入者番号**　共済年金に加入していた人は、問い合わせのときに必要

c：**国民年金第1号被保険者**　国民年金第1号被保険者として、保険料を納めた期間と保険料納付を免除された期間の合計月数

d：**国民年金第3号被保険者**　国民年金第3号被保険者（専業主婦・専業主夫）として、日本年金機構に登録されている月数

e：**合算対象期間等**　年金額には反映されないが、年金をもらう資格である受給資格に反映する期間

f：**国民年金**　老齢基礎年金の見込み額

g：**厚生年金保険**　老齢厚生年金の見込み額

奥様の重大関心事である「遺族年金」

定年が近い人のライフプランセミナーの講師を勤めることが多いのですが、参加されるのは、大半が男性です。「今日のセミナーで、年金のことも聞いてくるよ」と奥様にお伝えになりましたか？　と参加された皆さまにお尋ねすると、ほとんどの人が話してきていません。年金で奥様がいちばん関心を持っているのは、ご主人が亡くなった後にもらえる遺族年金です。そもそも、女性のほうが男性よりも平均寿命が長いことを皆さまご承知です。そして、かなりのご夫婦で奥様のほうが年下です。奥様が遺族年金に関心を持つのは当然でしょう。

遺族年金は残された妻や子が困らないようにする目的の年金でしたが、最近は女性の社会進出が目覚ましく専業主夫になる人も増えてきているので、ケースによっては夫も遺族基礎年金をもらえるように変わりました。

遺族基礎年金は、高校を卒業するまでのお子さんがいる配偶者に支給されます。お子さんが高校を卒業すると、老齢基礎年金は支給されなくなります。

厚生年金に加入していれば、遺族に遺族厚生年金が支給されます。18歳未満のお子さんがいないと支給されない遺族基礎年金とは違い、遺族厚生年金は子がいなくても支給されます。

高校生までのお子さんが2人いる場合にご主人が亡くなった前提で遺族基礎年金を説明すると、老齢基礎年金の額＋子の加算になります。

２０１７（平成29）年度で案内すると、77万９３００円＋22万４３００円×２＝１２２万７９００円となります。

なお、高校を卒業するまでのお子さん2人までは1人につき22万4300円、3人目からは1人につき7万4800円が加算されます。

一方、ご主人がサラリーマンの場合つまり厚生年金に加入していた場合、遺族厚生年金の額はご主人がもらっていた老齢厚生年金の額の4分の3です。

奥様ご自身の老齢厚生年金をもらえる場合は、その額が遺族厚生年金からマイナスされますが、引かれた後の遺族厚生年金と奥様ご自身の老齢厚生年金の合計額はもともとの遺族厚生年金の額と同じ額です。なお、奥様ご自身の老齢厚生年金の額が、遺族厚生年金の額よりも多い場合は、遺族厚生年金は全額停止され、奥様の老齢厚生年金のみが支給されることになります。

奥様が65歳以上になってから、老齢厚生年金をもらっているご主人が亡くなった時の大まかな額を示すと、次のようになります。

老齢厚生年金をもらっている夫が死亡した場合に、妻がもらう年金のしくみ

① 妻の老齢厚生年金 + 老齢基礎年金

② 遺族厚生年金（夫の老齢厚生年金の額の4分の3）
+ 老齢基礎年金

③ 遺族厚生年金の額の3分の2
+ 妻の老齢厚生年金の額の2分の1
+ 老齢基礎年金

妻が65歳以上で老齢厚生年金の支給がある場合

妻の老齢厚生年金
（優先支給 = **課税対象**）

＋

遺族厚生年金
（差額支給 = **非課税**）

＋

老齢基礎年金

おふたりの時の半分（１４５万円）よりは多いですが、おひとり様になってからの長い人生を１カ月当たり14万円程度で暮らしていけるでしょうか？

縁起でもない、と考えない人が多いのですが、伴侶がおひとり様になったときのことも、考えたいものです。ご自分がこの世を去ったあと、お金に困っている伴侶は見たくないはずですから。

遺族年金の額の例

【夫婦二人の年金額】

夫：老齢厚生年金 120 万円＋老齢基礎年金 75 万円
=195 万円（a）
妻：老齢厚生年金 20 万円＋老齢基礎年金 75 万円
＝ 95 万円（b）

夫婦の合計金額：(a) ＋ (b) ＝ 290 万円

【夫が亡くなったときの年金額】

遺族厚生年金
＝（夫の老齢厚生年金の 3/4）－（妻の老齢厚生年金）
＝ 90 万円−20 万円＝ 70 万円（c）
妻自身の年金：95 万円（b）

おひとりさまになったときの年金額：(c) ＋ (b)
＝ 165 万円

年金の額を増やす2つの方法

65歳になっても保険料の納付期間が40年に満たない場合は、満たすまで、もしくは最大65歳まで国民年金に任意加入できます。それでも10年を満たせていない人は10年を満たすまで（ただし70歳まで）国民年金に特例任意加入できるしくみもあります。40年に満たない人は少しでも多く、10年に満たない人は10年になるよう保険料を納めましょう。その時に付加保険料（月当たり４００円）も納めると、受け取る年金額が増えます。

巷《ちまた》では「近い将来、公的年金という制度自体が破たんする」という話も聞きますが、これは真っ赤なウソ。少子化が予想以上に進んだり、現役の皆さんの給料が上がらないという状況になったとしても、受け取り額が今より減ることはあっても、ゼロになることはありません。早合点して保険料を支払わずに放置する、ということはやめてください。そもそも、国民年金から支給される年金は半分を国が負担しています。つまり、保険料を納めた額からもらえる額と同額を国からもらえるということです。

将来もらう年金は少しでも多いほうがいいですよね。実は年金額を増やす方法は、2つあります。ひとつは60歳以降も厚生年金に加入しながら働くこと、もうひとつは年金を受け取る時期を遅らせることです。

「ねんきん定期便」に掲載されている年金の予想額は、60歳まで今の給料とボーナスが続くと仮定した場合のものです。そのため60歳以降も厚生年金に加入しながら働き続ければ、将来受け取る年金額が「ねんきん定期便」の掲載額よりも増えることになります。この中には起業して会社を設立し、経営者になって厚生年金に入るケースも含まれます。

もうひとつの方法である「年金を受け取る時期を遅らせる」というのは、年金を繰下げてもらうことを意味しています。老齢基礎年金を65歳からもらわずに、66歳以降1カ月遅らせるごとに、もらえる年金の額は0・7％ずつ増加します。上限の70歳まで遅らせれば年金額が42％増えるので、たとえば77万円だった老齢基礎年金の額が約109万円になり、これが一生続くことになります。

老齢厚生年金も同様に繰下げを行うことができます。加算率は老齢基礎年金と同じです。老齢基礎年金と老齢厚生年金の合計額が200万円とすれば、5年遅らせると284万円となり、1カ月あたりの年金額は16万円強から23万円強になります。

なお、繰下げをして70歳まで遅らせた場合、65歳から年金を受給した場合と比べて、81歳11カ月の時点で受け取り総額が逆転します。

年金の繰下げによる加算率

請求時の年齢	加算率 1941（昭和16）年4月2日以降生まれ
66歳0カ月〜66歳11カ月	8.4％〜16.1％
67歳0カ月〜67歳11カ月	16.8％〜24.5％
68歳0カ月〜68歳11カ月	25.2％〜32.9％
69歳0カ月〜69歳11カ月	33.6％〜41.3％
70歳0カ月	42％

82歳まで
生きる人は多いはず。
年金の繰下げの検討は
必ずしましょう。

老後の病気やケガに備える「障害年金」とは

障害年金は、病気やケガなどで生活や仕事などが制限されるようになった場合に支給される年金です。ほかの年金と同じく基礎年金と厚生年金がありますが、3つの年金の中で一番もらいにくい年金といわれています。年齢やパートナーの死亡を証明するだけでいい老齢年金や遺族年金に対して、いつ、どこの病院で診察を受けたかを請求する人が証明しなければならないからです。

また、注意したいのがどの障害年金をもらえるかの基準が、初診日にどの年金制度に加入していたかということです。

障害給付のポイント

■ 障害給付の内容

障害の程度	厚生年金加入時に初診日	国民年金加入時に初診日
1級	1級の障害厚生年金 + 1級の障害基礎年金	1級の障害基礎年金
2級	2級の障害厚生年金 + 2級の障害基礎年金	2級の障害基礎年金
3級	3級の障害厚生年金 + 3級の障害基礎年金	なし
3級よりも軽度	障害手当金（一時金）	なし

■ 障害基礎年金の額【2017（平成29）年度価額】

1級の障害基礎年金	974,125円	**子の加算額：** 2人まで、1人当たり224,300円 3人目以降、1人当たり74,800円
2級の障害基礎年金	779,300円	

■ 障害厚生年金の額【2017（平成29年）度価額】

1級の障害厚生年金	報酬比例部分の年金額×1.25＋配偶者加給金額（224,300円）
2級の障害厚生年金	報酬比例部分の年金額＋配偶者加給金額（224,300円）
3級の障害厚生年金	報酬比例部分の年金額（最低保障額584,500円）
障害手当金（一時金）	報酬比例部分の年金額×2（最低保障額1,169,000円）

会社員だった人も、60歳前に会社を辞めると国民年金に切り替わります。初診日が国民年金になってからだと、それまで厚生年金に加入していたとしても、障害厚生年金はもらえません。障害基礎年金になってしまうのです。

障害の度合いによって等級があるというのも、障害年金の特徴です。障害厚生年金には1級から3級までありますが、障害基礎年金には1級と2級だけです。

障害厚生年金になるか障害基礎年金になるか、またどの等級になるかで給付の内容は大きく変わってきます。退職前に病院に行きましょう。

将来の年金額をシミュレーションしてみよう

　こうした年金のしくみにより、年金の受け取り額は人によって異なります。さっそく自分がどのくらい年金をもらえるのか、シミュレーションしてみましょう。

　次ページのような計算をすることになりますが、［　　円］や［　　月］の中に入れる数字を自分で算出することは困難です。そのため、前述した「ねんきん定期便」をご覧になる、あるいは年金事務所または街角の年金センターで確認されることをオススメします。また、日本年金機構のねんきんネットでもシミュレーションできます。

（日本年金機構ねんきんネットＵＲＬ：https://www.nenkin.go.jp/n_net/）

老齢年金の計算式

●老齢基礎年金

保険料納付済期間の月数＋今後60歳までに保険料を納付する月数

77万9.300円（2017年度満額） × 〔　　月〕／40年 ＝ A老齢基礎年金

●老齢厚生年金

2003年3月までの給与平均　　2003年3月までの加入月数

〔　　円〕 × 7.125／1.000 × 〔　　月〕 ＝ a　　円

（2003年4月から退職までの給与＋賞与の12分の1）の平均　　2003年4月から退職までの加入予定月数

〔　　円〕 × 5.481／1.000 × 〔　　月〕 ＝ b　　円

a　　円 ＋ b　　円 ＝ B老齢厚生年金

●老齢基礎年金の額

A老齢基礎年金 ＋ B老齢厚生年金

なお、50歳以上の人に送られてくる「ねんきん定期便」は、今の給料やボーナスで60歳まで加入した場合の予想額が記載されています。

したがって、今後給料やボーナスが少なくなった時は、年金額が少なくなる。また、60歳以降も厚生年金に加入する形で働けば、65歳からの年金額が増えることになります。

老後の年金収入は夫婦で考える

イメージしやすくするために、モデルケースを使って試算してみましょう。

P134の試算で（1）は、夫が会社員、妻が専業主婦というパターンで、夫の年金額が老齢厚生年金と老齢基礎年金とを合わせて195万円、妻は老齢基礎年金だけで年金額が75万円のケースです。女性も仕事でどんどん活躍する現代にはそぐわないかもしれませんが、厚生労働省では昔からこのようなモデルケースを使っています。

試算（3）までいろいろなケースを載せてありますので、参考にしてください、試算（3）は人生100年をイメージしています。

老後の年金収入は夫婦で考える(1)

［モデル］**妻は夫よりも5歳年下で、専業主婦**

（余命：65 歳男性 20 年、60 歳女性 30 年として）

- **夫の年金額 195 万円**
  （老齢厚生年金 120 万円 + 老齢基礎年金 75 万円）
- **妻の年金額 75 万円**
  （老齢基礎年金 75 万円）
- **夫死亡後の年金額 165 万円**
  （遺族厚生年金 90 万円 + 老齢基礎年金 75 万円）

夫婦が生涯にもらえる公的年金の総額

65 歳までの特別支給の老齢厚生年金を除く

(1) 夫のみの年金　妻が65歳になるまでの5年間（加給年金額 +38 万円）

（195 万円 ＋38 万円）× 5年 =（**1,165**）万円

(2) 夫婦二人の年金　夫婦二人の期間 15 年間

（195 万円 ＋75 万円）× 15 年 =（**4,050**）万円

(3) 妻のみの年金　遺族年金を受け取る期間 10 年間

165 万円 × 10 年 =（**1,650**）万円

65 歳以降に受け取る公的年金の予想受取額 =（6,865）万円

老後の年金収入は夫婦で考える(2)

［モデル］**妻は夫よりも10歳年下で、専業主婦**
（余命：65歳男性20年、56歳女性35年として）

- **夫の年金額 195万円**
（老齢厚生年金 120万円 + 老齢基礎年金 75万円）
- **妻の年金額 75万円**
（老齢基礎年金 75万円）
- **夫死亡後の年金額 165万円**
（遺族厚生年金 90万円 + 老齢基礎年金 75万円）

夫婦が生涯にもらえる公的年金の総額

65歳までの特別支給の老齢厚生年金を除く

(1) 夫のみの年金 妻が65歳になるまでの10年間(加給年金額 +38万円)
（195万円 ＋38万円）× 10年 =（**2,330**）万円

(2) 夫婦二人の年金 夫婦二人の期間10年間
（195万円 ＋75万円）× 10年 =（**2,700**）万円

(3) 妻のみの年金 遺族年金を受け取る期間15年間
165万円 × 15年 =（**2,475**）万円

65歳以降に受け取る公的年金の予想受取額 =（7,505）万円

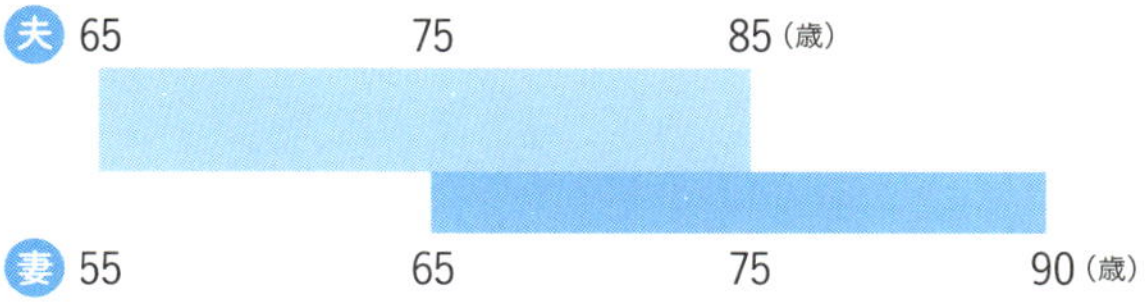

老後の年金収入は夫婦で考える(3)

［モデル］**妻は夫よりも5歳年下で専業主婦**
（余命：65 歳男性 30 年、60 歳女性 40 年として）

- **夫の年金額 195 万円**
  （老齢厚生年金 120 万円 + 老齢基礎年金 75 万円）
- **妻の年金額 75 万円**
  （老齢基礎年金 75 万円）
- **夫死亡後の年金額 165 万円**
  （遺族厚生年金 90 万円 + 老齢基礎年金 75 万円）

夫婦が生涯にもらえる公的年金の総額

65 歳までの特別支給の老齢厚生年金を除く

(1) 夫のみの年金 妻が65歳になるまでの5年間（加給年金額 +38 万円）
（195 万円 ＋38 万円）× 5年 =（ **1,165** ）万円

(2) 夫婦二人の年金 夫婦二人の期間 25 年間
（195 万円 ＋75 万円）× 25 年 =（ **6,750** ）万円

(3) 妻のみの年金 遺族年金を受け取る期間 5 年間
165 万円 × 5 年 =（ **825** ）万円

65 歳以降に受け取る公的年金の予想受取額 =（ 8,740 ）万円

企業年金連合会に奥様の年金があるかもしれません

厚生年金基金に加入していたが短期間でやめた人は、もらい忘れの年金がありますので、まずは企業年金連合会に問い合わせをしましょう。女性だけでなく男性も該当します。1カ月でも基金に加入していれば、企業年金基金に財産が残っています。今のところ、時効消滅はありませんので受け取りましょう。問い合わせるときに確認されるのは、次の事項です。

○氏名（氏名が変わった人は旧姓も）
○生年月日
○年金手帳の基礎年金番号
○加入していた厚生年金基金の名称及び加入員番号

総合型の基金に入っていた人などで基金の名称がわからない場合は、元の勤務先あるいは年金事務所にお聞き願います。

代行返上という言葉をお聞きになったことがあるでしょう。国の厚生年金制度の一部と会社の退職金制度をミックスさせて厚生年金の資金の一部を厚生年金基金が運用していたのですが、低金利の時代となり相次いで厚生年金基金が解散していきました。そのため、存続している厚生年金基金は少なくなっています。

厚生年金基金によって違いがあるのですが、厚生年金基金のある会社に勤めていたときに短期間（10年ないし15年以下）で退職した人は、年金資産が企業年金連合会に残っています。連合会のホームページを見ると、平成29年3月末で未請求の人が45万人もいるとのことです。

コールセンターの電話番号：0570-02-2666（企業年金連合会ＵＲＬ：https://www.pfa.or.jp/）

退職一時金あるいは企業年金を確認する

公的年金のことがわかったら、次は退職金を確認しましょう。

企業によっては退職金の制度がないところもありますが、退職金は、一時金でもらう場合と企業年金でもらう場合があります。企業年金の多くは、年金受け取りだけでなく一時金で受け取れるようになっています。なお、一般的に退職金というと、退職一時金のことを指します。

退職金がいくらになるか、人事や総務担当に聞けば教えてくれますし、就業規則あるいは退職金規程（規定）を見ればわかるようになっています。

企業年金の違い（確定給付企業年金と確定拠出年金）

<table>
<tr><th colspan="2"></th><th>確定給付企業年金</th><th>確定拠出年金</th></tr>
<tr><td colspan="2">運用責任</td><td>会社</td><td>加入している個人</td></tr>
<tr><td colspan="2">何が確定しているのか</td><td>・規約に基づき年金額
・受け取れる額が退職時に確定</td><td>・規約に基づき掛金額
・選択した商品による運用結果により受け取る額が左右</td></tr>
<tr><td colspan="2">掛金の負担</td><td colspan="2">会社のみ負担が一般的
会社が拠出するが、個人も拠出できる会社もある</td></tr>
<tr><td colspan="2">個人が掛金を負担した場合の税制のメリット</td><td>生命保険料控除の対象</td><td>小規模企業共済等掛金控除の対象</td></tr>
<tr><td rowspan="5">受け取る時の税金</td><td>老齢給付金</td><td colspan="2">公的年金等雑所得の対象</td></tr>
<tr><td>一時金選択</td><td colspan="2">退職所得控除の対象</td></tr>
<tr><td>遺族給付金</td><td colspan="2">みなし相続財産として相続税の対象</td></tr>
<tr><td>障害給付金</td><td colspan="2">非課税</td></tr>
<tr><td>脱退一時金</td><td>退職の場合、退職所得控除の対象</td><td>一時所得</td></tr>
</table>

STEP 2 出ていくお金を試算する

「住宅・教育・老後資金＋保険」が人生の4大出費

「住宅・教育・老後資金」が人生の三大資金といわれています。その中でも、住宅資金が1番高い買い物といわれています。それでは2番目に高い買い物といわれているのは、何でしょうか。

2番目に高い買い物といわれているのは、実は「保険」です。

自動引き落としや給料天引きで気がつかない間に相当な額を払っているのです。まずは保険の見直しをして、出て行くお金を減らしましょう。

保険の見直しを超簡単に行う

日本人は世界一保険が好きな国民といわれています。人生には何があるかわかりません。そのまさかのために準備しているのが保険です。資金手当てが十分にある人にとっては、保険は不要です。昔から「貯金は三角、保険は四角」という言葉があります。貯金はコツコツ積み立てていかないと貯まりませんが、生命保険は加入したばかりでも保険料を払い込んであれば、死亡事故が起きたら保険金が支払われるしくみになっています。

保険料の支払いには「全期型」と「更新型」の2つの方法があります。前者は加入期間を通して保険料が変わらないのに対して、後者は年齢が高くなるほど保険料が上がっていきます。どちらにもメリットとデメリットがありますが、トータルの

保険料払い込みの仕方

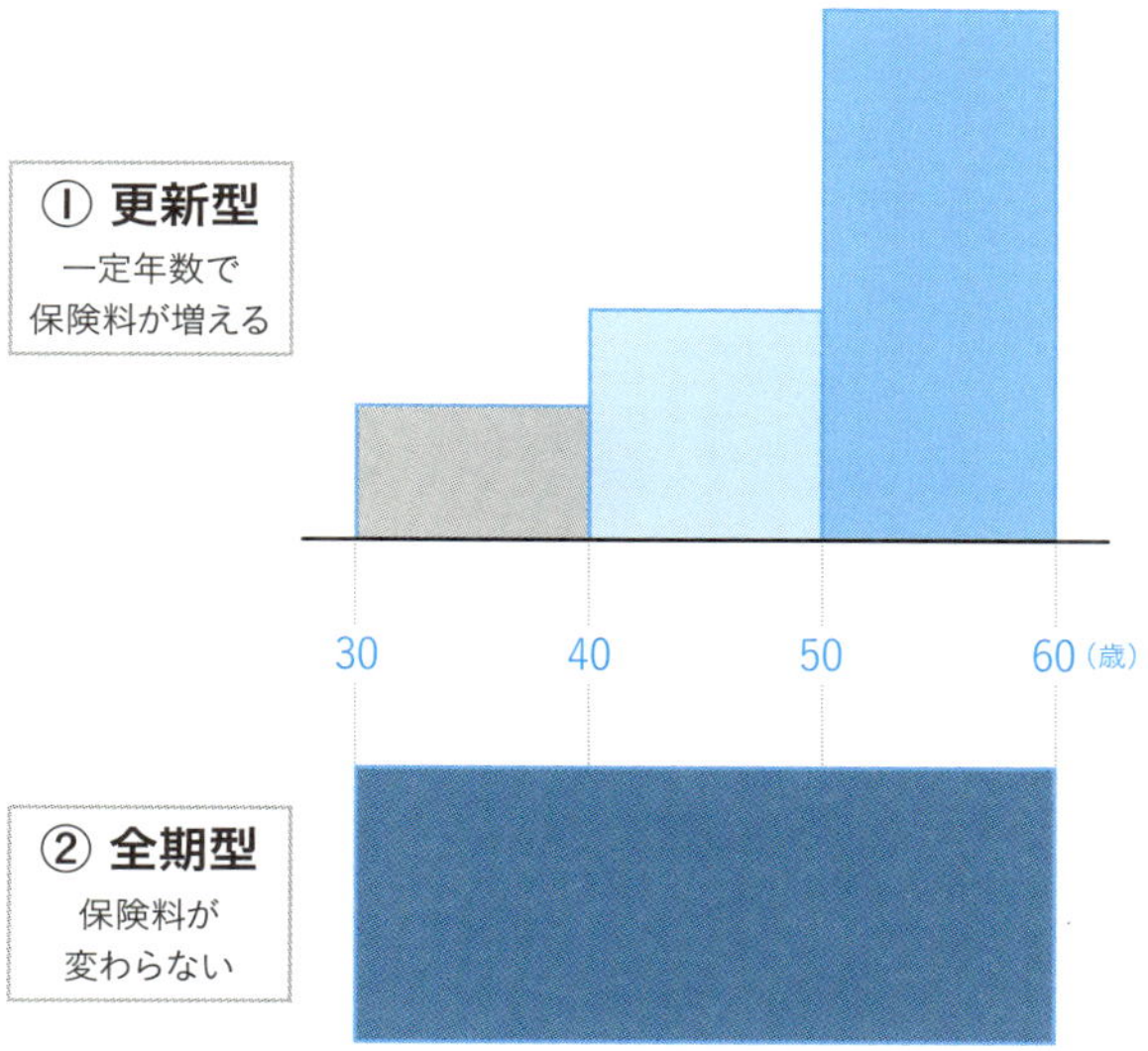

30 歳男性、保険期間 10 年、60 歳払い込み満了、
のイメージ

支払額では全期型のほうが少なくて済みます。

全期型の人が当初の保険料は多いですが、更新型の保険料は年齢が上がるにつれ亡くなる確率が高くなるので、保険料が上がり、50歳代で一番お金がかかるときに、相当な保険料になります。生涯を通じて保障を受けられるという安心感と引き換えに、長い間に相当な額を払い込むのが生命保険です。

今は定年前に亡くなる人は非常に少ない時代です。したがって高額の保障があるときに亡くなる人はごくわずかですので、保険料をまるまる納める人がほとんどなのです。小学校で面積の計算をしましたね。全期型で払い込む保険料、更新型で払い込む保険料、それぞれの総額を比較すると、全期型のほうが少なく済むようになっています。

必要な保障の内容というのは、そのときの状況によって変化します。たとえば子供が小さいうちは学費などの面で親の保護が必要ですが、成長していくにつれ親の責任は軽くなっていくのが普通です。若いころは、早死にのリスクで生命保険に入りますが、子供が独立して親が定年になったら葬式代くらいで良いわけです。これからは長生きのリスクで医療保険が大事になるでしょうが。

さて、子供が成長すると親の負担は当然少なくなります。そのときに更新型に入っていると、たとえば子供が大学生になるころは、親の義務として用意しておく必要保障額は少なくなるのに、保険料は大きく増額するというとんでもない現象が起きます。保険料の支払いによって肝心な老後の貯蓄にお金が回らなくなってしまえば、それこそ本末転倒です。更新型でも見直しができますので、ぜひ、見直しを行いましょう。

見直しのときに、必要保障額はどのくらいか算出するためにＰ１４７に「生命保険の見直し（必要保障額）」を用意しました。

具体的には、これから必要になるのはどのくらいなのだろうか。一方、入ってくるお金と既に用意してあるお金はどうなのだろうか。必要になるのは、家族の今後の生活費、子供が社会人になるまでの教育費など合計Ｂの額がいくらになるでしょうか。

入ってくるお金も計算しましょう。

まず、遺族年金と妻の年金がどのくらいか、現役のサラリーマンなら勤務先から死亡退職金や弔慰金が出るはずです。既にある貯蓄などを加えたＡの額がどのくらいになるでしょうか。

したがって、ＢマイナスＡが、計算時点の必要保障額です。この額まで保障額を下げて、払い込む保険料を安くしましょう。50代でこの見直しを行うと効果が大きいです。

保険の見直し

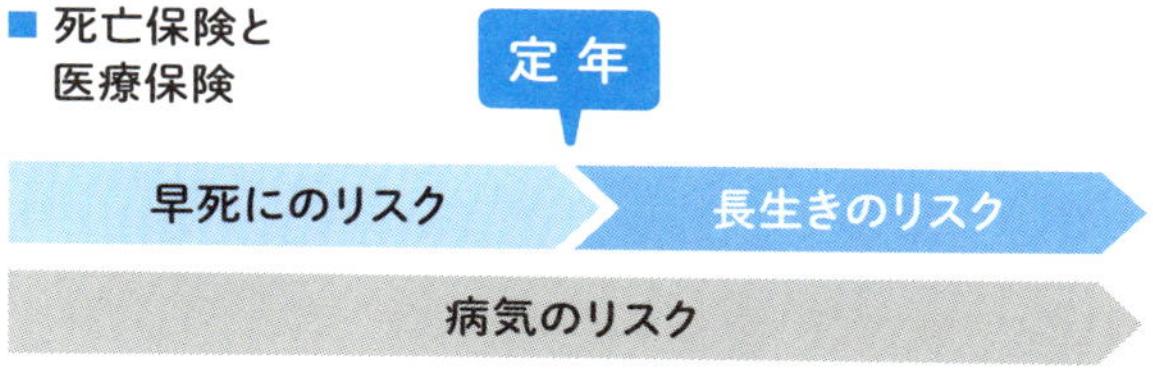

更新型の場合の保険料と必要保障額

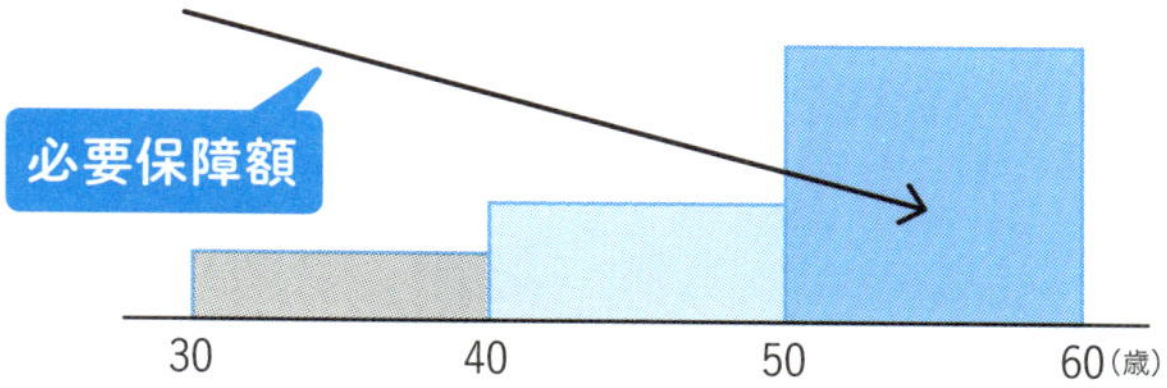

生命保険の見直し（必要保障額）

収入	支出
①遺族年金	①妻の生活費
②妻の年金	②子供の生活費
③妻の収入	③子供の教育資金
④死亡退職金	④住居費
⑤死亡弔慰金	⑤子供への援助
⑥その他の収入	⑥葬式費用
⑦現在の貯蓄額	⑦その他
合計A（　　　　）万円	合計B（　　　　）万円
B－A＝必要保障額	

住宅ローンの繰り上げ返済は2種類ある

保険の見直しを行い、その結果浮いたお金を住宅ローンの返済（一部繰り上げ返済）に回しましょう。そうすると、繰上げ返済で浮いたお金を老後資金に回すことができます。

住宅ローンの繰上げ返済には2種類あります。ひとつは期間短縮型といって、その後の返済期間が短くなり、月々の返済額は変わりませんが、完済日が早く来ることになります。

もうひとつは、返済額軽減型といわれるもので、返済期間は変わりませんが、月々の返済額が少なくなります。

さて、まとまったお金があれば繰上げ返済をしましょう。なんと言っても借りている金利のほうが預金金利よりも高いのですから。

繰上げ返済は早ければ早いほど、負担の大きな金利を払わなくても済むようになります。

ところで、住宅ローン控除の適用要件は、残りの返済期間が関係してくるのでご注意願います。

住宅ローンの繰り上げ返済（期間短縮型）

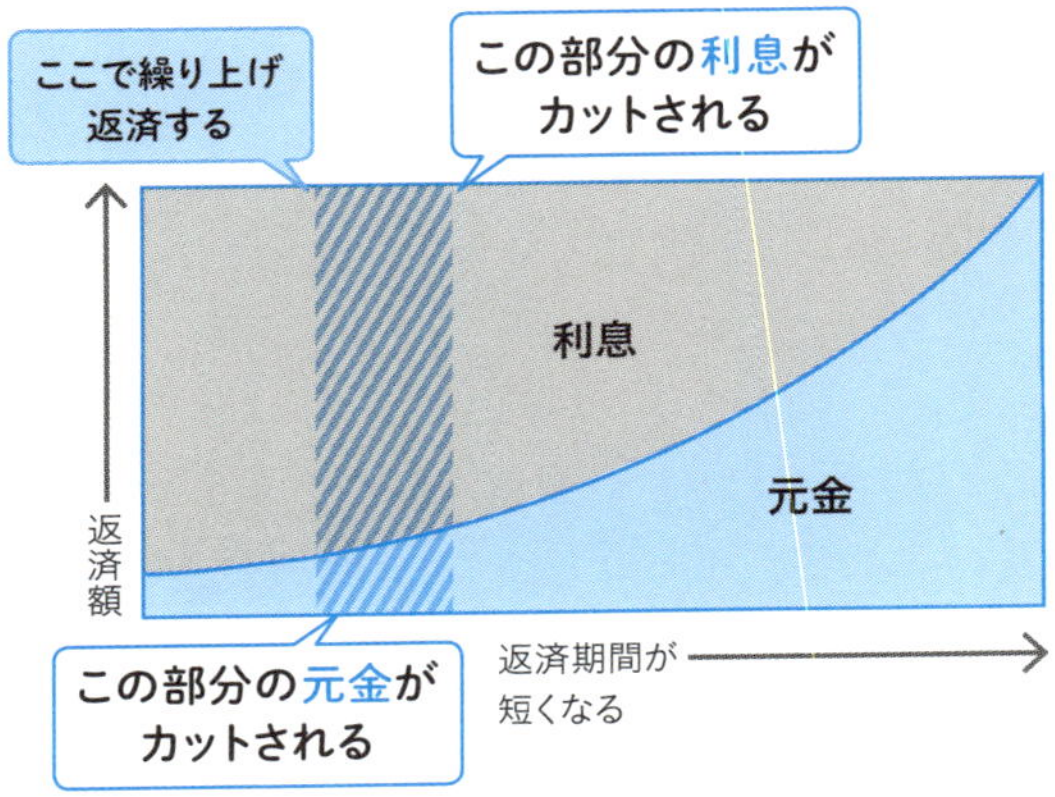

住宅ローンの繰り上げ返済（返済額軽減型）

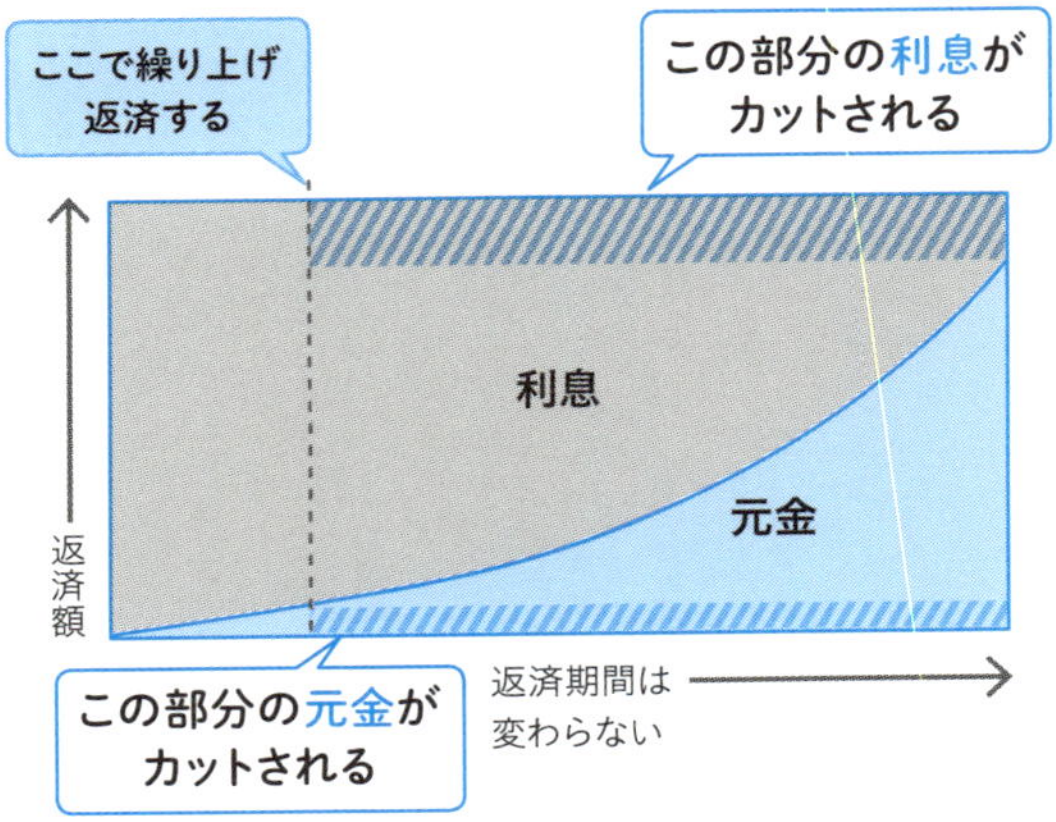

保険の見直しと住宅ローンの見直しを連結させる

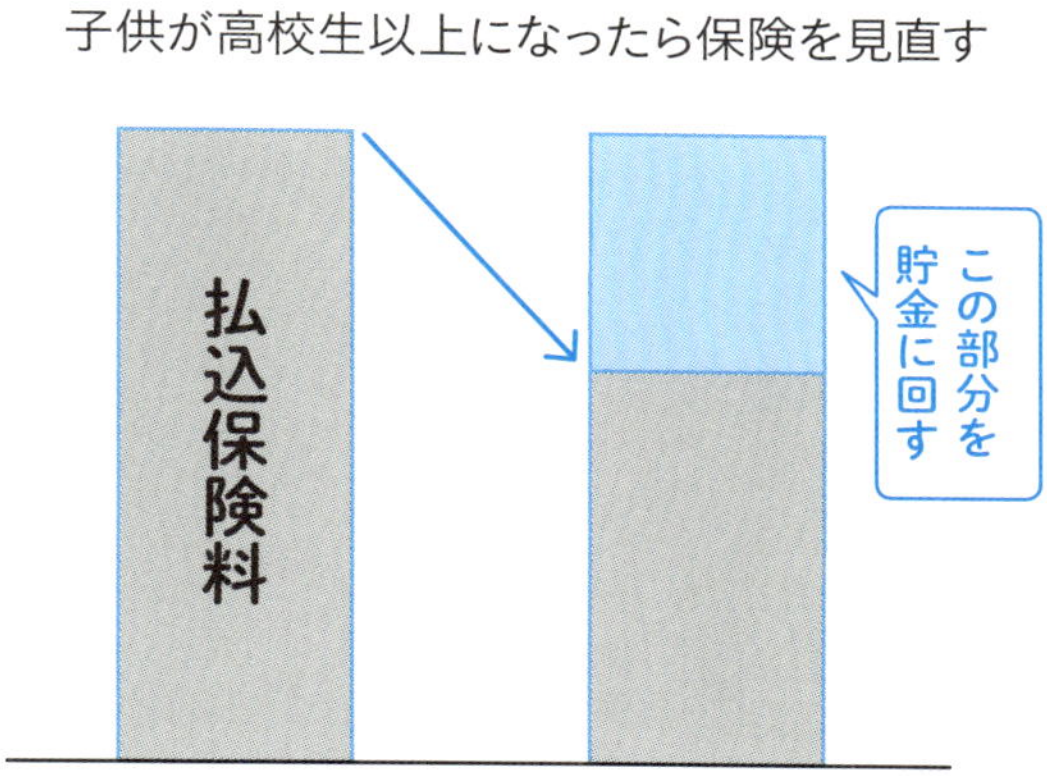

100万円以上貯まったら住宅ローンの繰り上げ返済

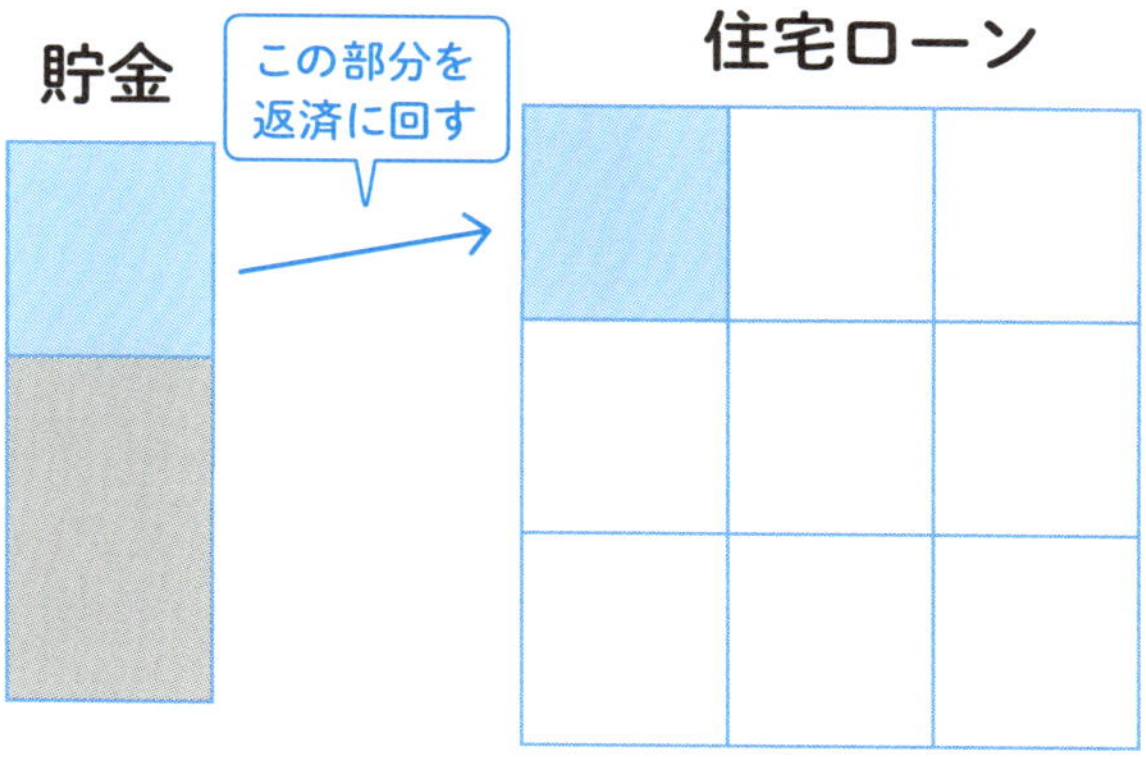

「金融資産目録」で自分の資産を整理しよう

出ていくお金のシミュレーションには、金融資産（財産や負債）の把握も必要不可欠です。定年後もローンの支払いが残っている人とそうでない人、またいざというときに現金化できる資産を持っている人と持っていない人とでは、月々の生活に必要な資金は大きく変わってくるからです。

それにもかかわらず、自分の財産と負債を正確に把握している人は想像以上に少ないものです。「たしか株を少し持っていたはずだけど」「金額は覚えていないけど、ローンはまだ残っている」という程度ではなく、いつ誰が見ても内容が把握できるように記録しておくことをお勧めいたします。

こうした金融資産の管理に役立つのが、預金のほか証券や保険、ローンの金額などの詳細を一覧にした「金融資産目録」です。これをつくっておけばライフプランも立てやすく、いざというときに慌てることもありません。

P155に「金融資産一覧表」を用意しましたので、参考にしてください。また右側の備考欄には、その資産を取得あるいは開始した目的を書いてみましょう。これによって当初の目的からブレていないかを、あらためて確認することができます。

金融機関名や金融商品名、具体的な金額なども欄に分けて記入しておきましょう。太枠部分の「時価」というのが特に重要です。これはもし今その商品を解約したらいくらになるのかという金額のことで、その商品の今現在の資産価値になるからです。保険については、受取人が誰かということも記入しておきましょう。

ローンについては、今現在いくら支払いが残っていて、最終返済日も記入しておきましょう。定年の60歳時点でまだローン残高が残る場合は、その金額がいくらかも把握しておきます。また、そのローンが固定金利なのか変動金利なのか、利率はいらないのかを書いておくと安心です。

なお、所有している不動産も把握しておきましょう。路線価を確認するという方法もありますが、毎年4月に届く固定資産税納付通知書に記載されている評価額で構いません。

こうして一覧にすることによって、今現在の資産と負債を「見える化」することができます。これからの人生設計に役立つのはもちろんのこと、万一自分が亡くなったときの、残された家族への気遣いにもなります。

金融資産一覧表(　年　月　日現在)

[銀行など]　　(単位：万円)

金融機関名	商品種類	預入金額	固定／変動	利率	時価(元利合計)	口座番号	契約者名	預入日	備考
小計									

[証券会社]

証券会社名	商品種類	購入金額	固定／変動	利率	時価(元利合計)	口座番号	契約者名	購入日	備考
小計									

[保険会社]

保険会社名	商品種類	保険料(年額)	契約終了日	利率	時価(解約返戻金)	口座番号	契約者名	預入日	受取人名
小計									

[住宅ローンなど負債]

金融機関名	ローン種類	借入金額	固定／変動	利率	借入金残高	返済口座	契約者名	借入日	最終返済日
小計									

STEP 3 シミュレーションを行う

今後の収支をシミュレーションしてみよう

ＳＴＥＰ１の入ってくるお金とＳＴＥＰ２の出ていくお金、金融資産一覧表が出来上がったら、これからの収支についてシミュレーションしてみましょう。Ｐ１５８のサンプルは、25年間のマネープラン表です。

表の上部が家族状況や予定行事（イベント）を記入する欄、下部が収入や支出、そして貯蓄や借入残高を記入するマネープラン欄です。

（1）上部の家族状況欄は、まず年ごとの年齢を書き込みます。次に本人を含めた家族の予定行事（イベント）を記入します。これからやりたいことや、年金の支給開始年齢はお忘れなく。

(2)下部のマネープラン欄は、今後の収支を書きます。現役中は、現在の収支状況を参考して書き込みますが、役職定年で給与が下がる場合はそれを加味しましょう。退職後の部分は、退職金、公的年金が収入の中心になります。支出は子供の教育費、旅行などの楽しみのお金、そして大人のブラシュアップなど今後の人生のため投資の費用、また、リフォームなどの大型出費も勘案して書いていきましょう。

(3)一番下に、貯蓄残高と借入金残高を記入できるようにしてあります。貯蓄残高の推移がカギになります。60歳定年まで会社に勤めたとしたら、あるいは途中で退職したとして、公的年金が支給されるまでの間は、一般的に貯蓄が減少していきます。

「老後の年金収入は夫婦で考える」をご案内しましたが、ご自分の場合は、いくら

マネープラン(記入例)

西暦の年数		2018	2019	2020	2021	2022	2023	2024	2025	2026	2027	2028	2029	2030	2031	2032	2033	2034	2035	2036	2037	2038	2039	2040	2041	2042	2043
家族状況 年齢	本人	会社員、55歳	56	57	58	59	60	61	62	63	64	65	66	67	68	69	70	71	72	73	74	75	76	77	78	79	80
	配偶者	パート、52歳	53	54	55	56	57	58	59	60	61	62	63	64	65	66	67	68	69	70	71	72	73	74	75	76	77
	長男	会社員、25歳	26	27	28	29	30	31	32	33	34	35	36	37	38	39	40	41	42	43	44	45	46	47	48	49	50
	長女	大学生、20歳	21	22	23	24	25	26	27	28	29	30	31	32	33	34	35	36	37	38	39	40	41	42	43	44	45
	母	無職、80歳	81	82	83	84	85	86	87	88	89	90	91	92	93	94	95	96	97	98	99	100	101	102	103	104	105
予定行事		母傘寿、車買替			長女就職		還暦／独立起業	車買替	長男結婚	母米寿／妻還暦／リフォーム	長女結婚	母卒寿／年金開始	世界一周クルージング		妻、年金開始	車買替	古希		バリアフリーにリフォーム	妻古希	母白寿	母百寿 四国八十八カ所巡り		喜寿			傘寿／妻喜寿／富士登山
マネープラン 収入 経常収入	給与等の収入	給与・賞与など																									
年金	本人																										
	配偶者																										
	計																										
	その他の収入	退職金・個人年金・家賃収入など																									
	配偶者の収入	給与・賞与など																									
収入計																											
支出 日常生活費	基本生活費																										
	税金、社会保険料																										
	生命保険料																										
一時的支出	子供の教育費																										
	住居費																										
	趣味・教養娯楽費																										
	臨時・大型出費																										
	ローン返済																										
	支出計																										
収入一支出																											
貯蓄残高																											
借入金残高																											

マネープラン（記入用）

西暦の年数			2018	2019	2020	2021	2022	2023	2024	2025	2026	2027	2028	2029	2030	2031	2032	2033	2034	2035	2036	2037	2038	2039	2040	2041	2042	2043
家族状況	年齢	本人																										
		配偶者																										
	予定行事																											
収入	経常収入	給与等の収入																										
		年金 本人																										
		年金 配偶者																										
		年金 計																										
		その他の収入																										
	配偶者の収入																											
	収入計																											
マネープラン 支出	日常生活費	基本生活費																										
		税金、社会保険料																										
		生命保険料																										
	一時的支出	子供の教育費																										
		住居費																										
		趣味・教養娯楽費																										
		臨時・大型出費																										
	ローン返済																											
	支出計																											
	収入－支出																											
	貯蓄残高																											
	借入金残高																											

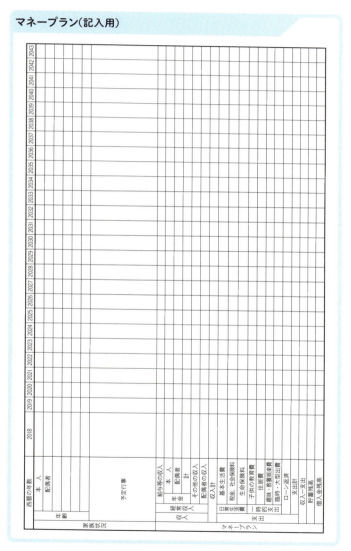

になりましたでしょうか。

たとえば、Ｐ１３３の「老後の年金収入は夫婦で考える（１）」に対応するものとして、夫婦の生きている年数を考慮した次ページの「老後の収支（65歳からの収支）」に数字を入れてみましょう。生活費を月当たり40万円、20万円、30万円で計算してみます。自分たち夫婦の平均余命を勘案して算出した年金総受取額をAとします。

この計算をすることで、これからの月当たりの生活をどのくらいにしたら良いかのイメージがわきます。

老後の収支(65歳からの収支)

(1) ゆとりコース・月40万円

夫婦2人　月当たり生活費
40万円 × 12カ月 × 20年 = (**9,600**) 万円
一人暮らし　月当たり生活費
40万円 × 0.7 × 12カ月 × 10年 = (**3,603**) 万円

合計 = (**12,960**) 万円 …… B
B − A = (　?　) 万円

(2) 質素コース・月20万円

合計 = (**6,480**) 万円 …… C
C − A = (　?　) 万円

(3) 中間コース・月30万円

合計 = (**9,720**) 万円 …… D
D − A = (　?　) 万円

参考：(2) = (1) ÷ 2　(3) = {(1) + (2)} ÷ 2

住む場所で生活費は大きく異なる

夫婦2人で都会に住み、ときどきは外食や旅行も楽しみたいという「ゆとりコース」なら、月40万円程度の生活費が必要になるでしょう。これに対して、地価や物価の安い地方都市に住み、自宅でゆったりと過ごすような落ち着いた生活を送りたいという「質素コース」なら、月20万円程度でも十分かと思います。

「ゆとりコース」ほどでなくてもいいけれど「質素コース」よりはゆとりのある生活がしたいという「中間コース」なら、月30万円くらい見ておいてください。

老後のライフプランニングには、これからやりたいことを書き出してみる方法もおススメです。頭に思い浮かんだ計画を書き留めておくだけで構いません。いつ頃実行したいのか、そしてどのくらいの予算が必要かもあわせて書いておくと、資金計画を立てるときに役立ちます。

「どこに住むか」で大きく変わる

ただし、ここで注意。40万、30万、20万円の生活費というのはあくまで目安です。都会に住むか、地方都市に住むか、田舎に住むかで支出は大きく変わります。

物価の安い東南アジアで暮らす、というのであれば月20万円でも「ゆとりある暮らし」をおくれるでしょう。「ゆとりコース」「質素コース」「中間コース」というのは、定年後のイメージ作りとしてお使いください。

「節約」ではなく「支出を減らすしくみ作り」が大切

いかがでしたか。今後の生活費のイメージがわいたら、支出と収入の両面をおさらいしていきましょう。

【支出】で気をつけること

支出をどのくらいに押さえたらよいかが、わかったことと思います。出ていくお金を削減するのは、定期的に出ていくものを根本から少なくするのがポイントです。電気をこまめに消す、水道の水を上手に使う、涙ぐましい努力ですが、残念ながら効果はごくわずかです。

さて、定期的に出ていくものの代表は何でしょうか。特に、更新型に入っている生命保険です。そして住宅ローンです。高い金利のローンを組んでいませんか。

また、使途不明金はありませんでしたか。使途不明金は見つかれば、不明の内容をつきとめれば支出を減らせます。

これらの見直しを行うことで、支出は大きく減らせます。支出を減らせば、生活費は増えます。けちくさい節約ではなく、「支出を減らすしくみ作り」を行うことで生活費を増やすことが大切です。

【収入】で気をつけること

次に収入です。収入が増えれば楽になるのは当然なので、増える方法も考えましょう。お金を増やす方法はたくさんありますが、私は「長く働くこと」がシニアにとって一番よい方法だと思います。理由は、お金が増えるだけでなく、病気や孤独の予防になる、そして生きがいを持てるからです。

サラリーマンであれば、定年というゴールがあるので、これから入ってくるお金は限られています。安定しているという言い方もありますが、逆にいうと「収入が増えない」ともいえます。

それでは、資産運用で増やすことができるでしょうか。運用を若いころからやっている人ならともかく、定年後に資産運用を始めても増やせる人は少ないでしょう。むしろ減らさないこと、損をしないことが大事です。皆さんの虎の子を狙う輩は、虎視眈々と牙を研いでいます。

「おいしい話」はそうそうない

聞いた話ですが、実直な職人さんを、桜の時期だけ大勢の人でにぎわうところに桜の時期に案内して、ここに店を出せば儲かるとそそのかしたそうです。それまで爪に火をともして貯めたお金とともに多額の借金までして飲食店を開業したそうです。確かに桜の季節のときはお客さんが来ましたが、シーズンを過ぎると人通りはパタッと止みました。

このような、話はごろごろしています。うまい投資話には乗らないようにしてください。

それでは銀行からの話なら怪しくないでしょうか。ボーナス時期や退職者が多い春になると頻繁に登場するチラシがありますね。

たとえば、「定期預金3カ月物プラス投資信託、ただし半分以上は投資信託に」、という類です。こんなに金利が低い時代に、信じられない高い金利が書いてあります。でも高い金利は3カ月間だけです。投資信託は、買った瞬間に購入手数料を引かれるのです。したがってプラスではなくマイナススタートなのです。

このような話に安易に乗らないように、お金の知識を身につけることは大切です。次章で、定年前、定年後に役立つお金の話をご紹介します。

5章

知っておきたい
定年前・定年後の
お金の知識

退職後の健康保険（医療保険）はどうなる？

日本には他国の人がうらやむ公的医療保険があります。どんな名医にかかっても公的医療保険の対象であれば3割の自己負担で済むという、素晴らしい制度です。

公的医療保険には、会社員が対象の協会けんぽ（全国健康保険協会）や健康保険組合のほか、公務員などの共済組合、自営業者などが対象の国民健康保険（国保）があります。

退職後は、今まで入っていた協会けんぽなどに2年間継続して入ることができます。「任意継続被保険者」という形です。それまでは会社と折半だった保険料が全額個人負担となりますが、今までとほぼ同じサービスを受けることができるので、大半の人がこちらを選んでいます。

任意継続の期間が終われば、国民健康保険に切り替えます。保険料は前年の収入によって市町村ごとの計算方法によって異なりますので、お住いの役場で確認するとよいでしょう。退職して2年経つと収入が少なくなっているので、いきなり国民健康保険に入るときより保険料も安くなります。

任意継続被保険者になるには、いままで加入していた健康保険に退職するまで継続して2カ月以上加入し、退職日の翌日から20日以内に手続きをすることにより、継続して2年間被保険者になることができます。なお、保険料を毎月10日までに納めていないと任意継続被保険者の資格がなくなりますのでご注意願います。

それ以外に、家族が入っている健康保険の被扶養者になるというしくみもありますが、年収などの制限がありますので、該当する人はそれほど多くありません。

75歳になると後期高齢者医療制度にかわり、自己負担割合は原則として1割（現役並みの収入がある場合は3割負担）です。

続いて、医療費をたくさん払ったときにお金が戻ってくる「高額療養費」のしくみをP174から案内します。高齢になると、病気になる、ケガをする確率が高くなるので、重要です。この制度は、現役のとき、退職後、国保でも使える制度ですので該当したときは思いだしてください。

退職後の公的医療保険

(1) 任意継続被保険者になる

①今まで入っていた医療保険に2年間、任意加入する
②原則として医療保険加入者全員の平均標準報酬額が保険料の計算のもととなり、**全額個人負担**
③協会けんぽの場合、28万円がベース

(2) 国民健康保険に加入

市町村でやっている国保に入る
保険料の計算方法が市町村で異なる

(3) 家族の被扶養者になる

年収制限などがある
(60歳以上又は一定の障害の場合、年収180万円未満)

ひと月にかかる医療費には「上限」がある

入院や手術で莫大な医療費がかかってしまう事態を恐れて、民間のさまざまな医療保険に加入する人もいらっしゃいます。事故にあったり大きな病気にかかれば、一度にかかる医療費も高額になります。公的医療保険に加入していれば3割の自己負担だと言っても、総額が大きくなれば、数十万円あるいはそれ以上を自己負担しなければならないこともあります。

しかし実は、ひと月にかかる医療費には上限があります。医療費がいくらかかさんでも、自分で支払わなければならないのはこの上限まで。これは「高額療養費」と呼ばれるしくみで、上限となる金額はその人の年齢が70歳以上かそれ未満か、また収入によって変わってきます。

ここでは70歳未満で標準報酬月額が28万円以上53万円未満という、現役世代の一般所得者を例にあげて説明します。高額医療費の上限額（自己限度額）は左記の数式で算出することができます。

8万100円＋（医療費－26万7000円）×1％

たとえば病院の窓口で支払った金額が30万円の場合には、医療費の総額が100万円（食事代や差額ベッド代を除く）となりますので、上記の算式で計算すると自己限度額は約9万円となります。そのため「3割負担」で支払いをしていた人は、申請によって約21万円が戻ってくることになるのです。

なお、事前に健康保険組合等から「限度額適用認定証」をもらって病院の窓口に提出すれば、少ない額ですみ、払い戻し申請の手数も省けます。

公的介護保険制度を知っておく

高齢化が進む現在、介護は誰もが直面しうる問題です。親やパートナーが介護状態になれば、治療費や入院費、サービス利用料などの負担がかさみます。介護費用の負担を恐れて、高額な保険料を支払って民間の医療保険に加入する人もいらっしゃいます。しかし社会保険の中には、介護状態になったときの負担を軽減するしくみが備えられています。介護保険料を支払っているのに、知識がないばかりに制度を利用していないというのは、とてももったいないことです。この機会に、ぜひ知っておいてください。

公的介護保険は、加齢による疾病やケガなどで要支援・要介護状態になったと認定された場合に、保険給付（介護サービス）を受けることができますが、そのサービスを受ける前に、市町村から要介護認定を受ける必要があります。病気やケガをしたときに医者に行ったとしても、いきなり治療されたり、薬をもらったり、あるいは手術を受けるわけではありません。その前に診察があり診断があります。この診察・診断にあたるのが要介護認定で、症状の軽い人から、要支援1～2、要介護1～5があります。

公的介護保険は介護の負担を減らす

介護保険に加入していれば、要介護状態になったときにヘルパーの派遣などサービスを最低1割の自己負担で利用できます。

制度の利用までは、次のような手順を踏む必要があります。市町村役場や地域包括支援センターに相談に行けば、ていねいに教えてもらいます。

（1）心身の状況に関する調査
（2）一次判定と二次判定
（3）主治医の意見書が反映される
（4）認定通知（原則として30日以内）

ポイントとしては、かかりつけの先生（主治医）を早く見つけておくことです。要介護度を決める大きな要素として、主治医の意見を重視するからです。先生と懇意にしておき、普段の状況を把握してもらいましょう。できれば、何かのときには往診をしてくれるかと、尋ねておきましょう。これからは、家で見守ってくれる先生が必要になります。往診してくださる先生を見つけておくことも重要です。

また、親の介護のために会社を退職してはいけません。お金で解決できるところはお金で解決し、上手に介護サービスを利用しましょう。

要介護認定の手順

（1）心身の状況に関する調査

（2）一次判定と二次判定

（3）主治医の意見書が反映される

（4）認定通知（原則として30日間）

相談先：市町村役場・地域包括支援センター

申請 → 訪問調査 → 意見聴取 → 一次判定 → 二次判定 → 認定結果通知

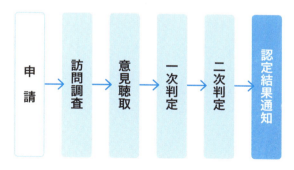

それでも貯められない人は「天引き貯蓄」

いくら収入が多くても「入った分だけ使ってしまう」という人は、いつまで経っても貯蓄ができません。そんな「貯められない人」は、天引き貯蓄をしてみるのはいかがでしょうか。

日本の「公園の父」と呼ばれる本多静六林学博士は、天引き貯蓄で財をなしたことで有名です。彼は給料から4分の1を貯蓄に回していました。そのため給料日前にはお金がない状態でした。

本多博士はお金が貯まってくるとまず日本鉄道株を買い、政府買い上げにょりもうけが出ました。次に当時道路も鉄道もないため二束三文だった秩父の山奥の山林を買ったのです。その後、景気が良くなって材木を売り一躍資産家になりました。

このことからも分かるとおり、大きなチャレンジをしようとすると、まとまった資金が必要になることが多くあります。定年後の独立起業も同様です。いざというときに資金がなくて挑戦できないという状態にならないために、コツコツと貯蓄に励んでおきましょう。

「財形貯蓄」や「積立貯金」を利用するのも手

天引き貯蓄にはいくつかの方法があります。サラリーマンなら、財形貯蓄の制度を利用するのもいいでしょう。月々5万円貯金したとすると、1年で60万円、10年続けると600万円貯めることができます。コツコツ続けて、いざというときのためにまとまったお金を準備しておけるようにしましょう。

確定拠出年金は「年金の原資」

最近話題になっているのが、確定拠出年金です。制度は２００１（平成13）年からスタートしましたが、２０１７（平成29）年から、それまで入れなかった公務員や専業主婦（夫）も加入できるようになるとともに、ｉＤｅＣｏ《イデコ》という愛称をこしらえ大々的に宣伝するようになり、認知度が高まりました。

確定拠出年金は簡単に言うと、「将来の生活費＝年金の原資」です。銀行の金利預金ではほとんど増えませんので、少額をコツコツ投資信託などで積み立てていくもので、運用次第で将来受け取る額をふやすことができます。会社員が入れる「企業型」と、主に個人事業主や専業主婦等に向けた「個人型」の２種類があります。

後者が「ｉＤｅＣｏ」です。

一度拠出したお金は60歳まで引き出せないため、入るのをためらう人もいるようですが、引き出せないからいいのです。どんなに浪費家でも60歳までお金が残るというのは、ありがたいことですよね。私はどんな職業の人にも、入っておくことをお勧めしています。

少子高齢化により、これからは年金を納める世代が減り、受け取る人がどんどん増えていきます。保険料はおのずと上がっていき、年金を受け取れる年齢も上がっていくことが予想されます。

２０１７年1月に高齢者の定義を75歳以上にしようとの提言がありました。また同時期に、それまで自営業者と一部の会社員しか入れなかった個人型確定拠出年金に、専業主婦等も入れるように制度変更がなされました。これらは、年金の支給開始年齢がどんどん上がる布石であると思っています。

国としては、数十年後に年金の額が減ってきたときに「あのときに誰もが確定拠出年金に入れるようにしておいたじゃないですか」と言いたいわけです。こうした事態に備えるためにも、今から加入しておくことをお勧めします。

確定拠出年金は投資の勉強にも最適

いざ定年という前に、投資の勉強ができるというのも、確定拠出年金のいいところです。それまで投資をしたことがなかった人が、退職金でまとまった資金が手に入ったことで投資を始め、大失敗するという話はよく耳にします。投資の基礎知識がないので、明らかに怪しい投資話に引っかかってしまうことも多いのです。早いうちから投資を経験して感覚をつかんでおけば、こうした失敗の確率を下げることができます。

日本人には安定志向の人が多く、これまでは銀行の定期預金でコツコツお金を貯めて老後に備えるという人がほとんどでした。もちろん確定拠出年金は投資ですから、一時的に損が出ることもあるかと思います。ただ、一般的に株式型の投資信託というのは銘柄を間違えなければ、一時的に下がってもいつかはプラスに転じるものです。必要以上にリスクを恐れず「まずは始めてみる」くらいの姿勢でもいいと思います。

運用商品の選び方については一概には言えませんが、長期間にわたって投資をすることになるので、特に手数料が安いものを選びましょう。

先人に学ぶ「お金の格言」

お金に関することわざは、本当にたくさんあります。適切なお金の管理がビジネスにも資産運用にも、そして夫婦関係にもいい影響を及ぼすということを、昔の人も痛感していたのかもしれませんね。なかでも役に立ったと思う格言を、下記に紹介させていただきます。

✦お金の格言1 卵は一つのかごに盛るな

たくさんの卵を一つのかごにまとめて入れておくと、転んだり、かごを落としたときにほとんどの卵が割れてしまいます。しかし、いくつかのかごに分けて入れて複数の人間で運べば、ほかのかごに入っていた卵は助かります。資産運用でよく使われることわざで、分散投資の重要性を説いています。

✦お金の格言2 遠くのものは避けよ

こちらも投資の際に役立つ格言です。株式投資なら、なじみのない業界や業種は避け、自分がよく知っている業界・業種の銘柄に投資すべきという教えです。これは金融商品の選択、再就職や独立時の仕事選びにも通じると思います。

✦お金の格言3 株を買うより時を買え

こちらも投資に役立つ格言です。どの銘柄を買うかよりも、どのタイミングで買うかのほうがずっと大事だという教えです。これは独立後のビジネスを考えるときにも当てはまることで、時流や潮流を読むことはとても大切です。

✦お金の格言4 勘定合って銭足らず

いわゆる「黒字倒産」の状態をあらわすことわざです。利益は出ているのに、それを超える投資をしたせいで資金がショートしてしまった状態です。最も大きな原因は、資金繰りの知識がないことです。ビジネスはもちろん、投資をするときにも肝に銘じておきたいことですので、ぜひ覚えておいてください。

✦お金の格言5 入るを量りて出ずるを制す

入るお金と出ていくお金を把握することは資金管理の第一歩ですが、それを端的にあらわしたことわざです。順序も重要で、収入がどのくらいかを正確に計算したうえで、それに応じた支出計画を立てることが大切です。老後のマネープランニングに必須の考え方と言えるでしょう。

✦お金の格言6 金は天下の回りもの

これは有名なことわざですね。お金はひとところにとどまっているのではなく、手元にあったお金が誰かの手に渡ったり、出ていったお金が周りまわって戻ってきたりするものだということです。商売をするうえで大切な考え方ですので、独立を志す人は心に置いておくといいでしょう。

✦お金の格言7
夫婦喧嘩はお金から

こちらは私が個人的につくったものです（笑）。独立起業をして収入を増やすことは夫婦関係をよく保つのにも役立つという実感から生まれました。パートナーのいらっしゃる人は、ぜひ心に留めておいてください。普段から実感している人はいらっしゃいませんか（笑）

おわりに

与えられた命を自分らしく有意義に過ごす

『毎日が日曜日』という城山三郎の小説があります。

そのなかに「定年万歳！」と叫んで退職したが「毎日が日曜日」でやることがなく無聊《ぶりょう》をかこっていた先輩が、現役で働いている後輩の息子が大けがで入院すると、その世話などで生き生きしだした、というエピソードがあります。

平均寿命が着々と延び、日本は65歳以上の人口が全人口の4分の1を上回る超高齢社会に突入しています。これから先、公的年金は遠く小さくなることが必至です。数年前から「終活」がブームになっていますが、どうも「終」のほうに目を向ける人が多いようですが、昔の高齢者と今の高齢者とでは元気さが違います。

むしろ「活」のほうに目を向けるべきです。人生は長いのです。平成28年版労働経済白書では、前回調査時点の54歳から63歳当時に資格取得など能力開発をしていた人は、そうでない人と比較して、4年後の調査で58歳から67歳での収入が明らかに高くなっていると発表されています。

社会教育家の田中真澄先生の言葉に、「能力開発は年齢不問」「人生は今日が始まり、昨日まではリハーサル、今日から本番」というのがあります。私はいつもこの言葉を大切にしています。

与えられた命を自分らしく有意義に過ごしていく、すなわち楽園にするために、本書がお役に立てればこんなに光栄なことはありません。

最後に、この本の出版は、田中真澄先生、株式会社服部年金企画の伊東勝己社長をはじめ、たくさんの知人友人の皆さま、そして、ぱる出版の荒川三郎様との浅からぬご縁のお陰で出版することができました。この場をお借りして、心よりお礼申し上げます。

平成30年1月　高伊　茂

高伊 茂（たかい・しげる）

「人生100年時代」をキーワードにしたセカンドライフ相談を得意とするファイナンシャル・プランナー（ＦＰ）。社会保険労務士。

高伊ＦＰ社労士事務所代表、帝京大学非常勤講師、ＮＰＯ法人ら･し･さ理事、一般社団法人話力総合研究所理事。

中央信託銀行（現、三井住友信託銀行）に入社、企業内ＦＰとして活躍。53歳で独立し、セカンドライフ相談のほか、国内各地でライフプランセミナー、年金、相続、信託、終活（エンディングノート）等の講師をしている。

オンとオフを上手に切り替え、映画鑑賞や旅行、川柳などにも親しみ、人生100年時代を見据え人生を楽しんでいる。

◯編集協力　大住奈保子（株式会社Tokyo Edit）
◯企画協力　松尾昭仁（ネクストサービス株式会社）

定年《ていねん》を楽園《らくえん》にする仕事《しごと》とお金《かね》の話《はなし》

45歳《さい》からそなえる「幸《しあわ》せ老後《ろうご》」のキホン

2018年 2月 9日　　初版発行

著　者　　高　伊　　茂
発行者　　常　塚　嘉　明
発行所　　株式会社　ぱる出版

〒160-0011　東京都新宿区若葉1-9-16
03（3353）2835―代表　03（3353）2826―FAX
03（3353）3679―編集
振替　東京 00100-3-131586
印刷・製本　中央精版印刷㈱

Ⓒ 2018 Shigeru Takai　　Printed in Japan
落丁・乱丁本は、お取り替えいたします

ISBN978-4-8272-1100-9 C0036